ポリーヌに魅せられて

ポリーヌ熟年の肖像。黒いレースのドレス姿はいかにもスペイン・ラテン系の出自を思わせる。年代不詳 〔B35 p33〕

1850年ころのルイ・ヴィアルドを描いた図像
〔B49 p25〕

結婚を控えたころの？
ポリーヌ・ガルシアの自画像
〔B49 p78〕

ジョルジュ・サンドの肖像。
息子モーリスの義父ルイジ・カラマッタ画。
年齢はわからない。サンドは夫妻の結婚の
仲介のみならず、思想・生活面でも終生最良
の同志であった。〔B43 p5〕

パリ９区ドゥエ通りのヴィアルド邸におけるサロン“木曜日 Jeudi”の情景。
特注したカヴァイエ・コルのオルガンを奏するポリーヌ。
1853年、写真技術による印刷。〔B61〕

バーデン＝バーデンの顔とされる社交場クアハウスの舞踏・演奏会用大ホール。
ポリーヌもここでドイツ語歌曲の弾き歌いを披露したという。出典〔B49 p39〕

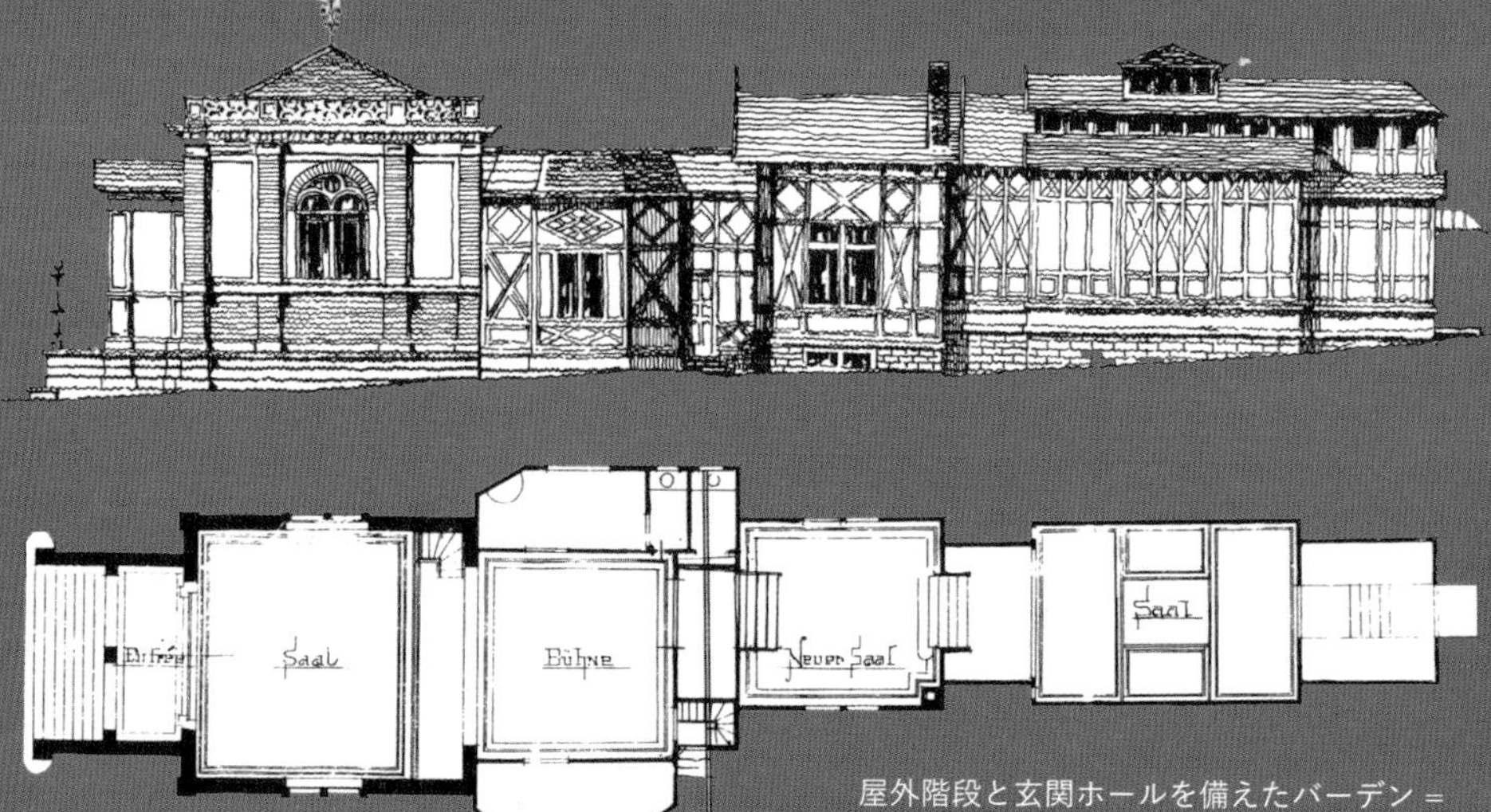

屋外階段と玄関ホールを備えたバーデン＝バーデンのヴィアルド家音楽堂と劇場。旧ティールガルテン通りに立地していたが、現存せず。〔B49 p47〕

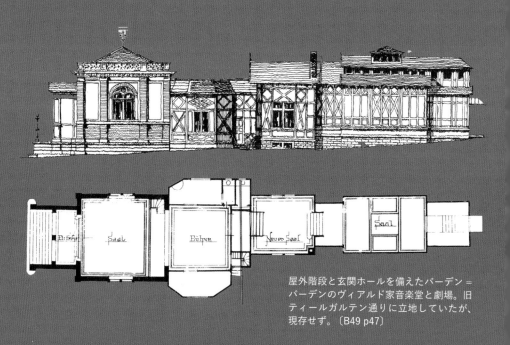

ブジヴァルのツルゲーネフ邸（現記念館）〔B35〕表紙

ブジヴァルのポリーヌ邸 〔B35〕裏表紙

バーデン＝バーデンからツルゲーネフ記念館に移されたドイツ製一本ペダルのスクエア・ピアノ。非常に珍しい逸品とされる。〔B35 p9〕

バーデンの邸宅入り口でマリアンヌ（左）とクローディ（右）、家族同然の詩人ルイ・ポメイの妻で歌の教え子ジャンヌ・ポメイ（座像）とともに。〔B12 p151〕

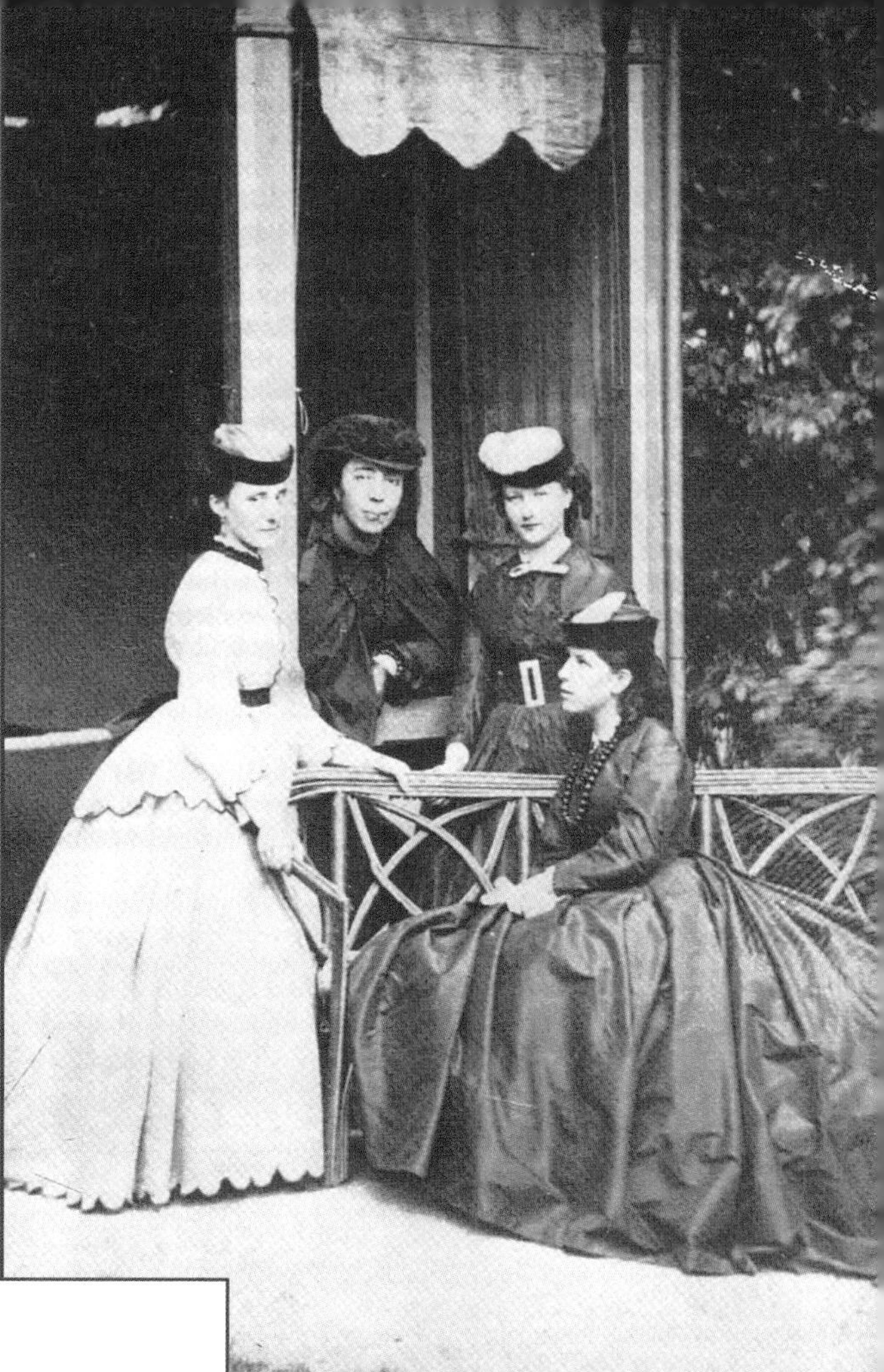

「ガゼット・エ・ミュジカル」誌（1840）に掲載されたアシル・ドヴェリアの石版画。“驚くほど東洋的な顔立ち”とのコメント付き。〔B46〕

ベルリーニのオペラ《ノルマ》の標題役を演ずるポリーヌ。ジャーナリスト・画家・批評家であり、ツルゲーネフとポリーヌ両者を心より敬愛したルートウィッヒ・ピーチュ Ludwig Pietch(1824-1911) の作。彼はポリーヌ関係の図像を他にも多く残している。この写真、実は上記ピーチ画をあしらった文献 B49 の表紙。下方に載っているのはピーチがスケッチしたバーデン＝バーデンのポリーヌ宅。今は消失し訪れることはできない。〔B46 p6〕

ツルゲーネフのイニシャル “I.T” を刻んだロケット。蓋を開ければ、ポリーヌの肖像（写真？）がはめ込まれてある！〔B35 p43〕

パントマイム作品《日本にて》の自筆草稿譜の表紙（上）と裏面（左）。年代不詳　初代宇田川広重の浮世絵『風流花鳥尽』から「桜に山雀」を添付したもの。
ハーヴァード大学、ホートンライブラリー所蔵のポリーヌ・ヴィアルド＝ガルシアの付帯資料、1838-1912.MS Mus 284 (111). この楽譜と上演をめぐる情報は B42 に詳しい。

はじめに

女性作曲家の問題に開眼してからおよそ30年が経った。いまやそれこそ毎日のように女性作曲家「再発見」の新情報が海外からもたらされる。その中にあっても、ポリーヌは影響力の大きさ、深さ、広さにおいて他の誰をも圧するのではないか——この確信は今なおゆるがない。

生誕200年という節目に合わせ、私としても80歳をむかえ、そろそろ遺言を兼ねて、日本語で読める、ポリーヌ伝の可能な限り全体像が想像できる体裁のものを残したい——そんなわがままな結晶が本書なのである。お一人でも多くの方のお手に渡りますよう願うばかりである。

本書は昨年中に刊行の予定であったが、ひとえに私の非力ゆえ、かなわなかった。お力添えくださった方々には重ね重ねお詫び申し上げる。

ポリーヌに魅せられて

目次

各章の扉イラストはポリーヌが描いたクールタヴネルの館（121頁欄外）から作成

1章　生誕200年記念コンサートのプログラムから

企画の趣旨

〝ポリーヌ・ガルシア＝ヴィアルド生誕200年
——その溢れる歌心に希望を託して〟

——2021年7月18日、ポリーヌ200回目の誕生日に——＊

1821年に生まれ、1910年に没するまで、ほぼ19世紀を生き抜いたポリーヌ・ガルシア＝ヴィアルド。ショパンのマズルカを歌曲に編み直した曲集を通じて初めてこの名前を知りました。以後折に触れ私が目にした資料では、その名をほとんど〝ポリーヌ・ヴィアルド〟と記しています。けれど、この婚姓だけでは、19世紀欧米の音楽・文芸に抜きがたい影響を及ぼした女性の実像は、とても伝えきれません。生家ガルシア一族もまた、オペラなどにおいて圧倒的な足跡を残した音楽の名門だったからです。眩いまでのポリーヌの才能と人間性は、何世代にもわたる血縁・地縁のつながりから育まれたものでした。煩雑を承知のうえでのダブルネーム使用、まずはご理解くださいますように。

2010年の祥月命日に合わせた没後100年、次いで3・11の未曽有の悲劇を悼み1年後の2012年と、合わせて2回、ポリーヌを主題にコンサートを実施、ともにすばらしい音楽家たちにご出演いただき、所期の成果を上げることができました。30年来続けてきた女性作曲家研究もこれにて区切ろうか、と思う反面、音楽界でも女性軽視・格差は一

＊当日用プログラムの企画趣旨の日付けを、「7月8日」と誤記したまま気付かず、けれど、終演後参加された方からご連絡戴いた。恥ずかしい！　事前に配布したチラシの日付は3月8日「国際女性デー」と明記してある。言い訳がましいが、どうかお許し願いたい。ポリーヌの像はヴィアルド家とごく親しかった画家・アリ・シェフェール（1795-1858）による。作画が結婚前のため「ガルシア嬢」と記されている。

向に改まらぬままおよそ10年…今、かつて経験したことのないコロナ禍に加え、オリ・パラ狂騒の混乱によって翻弄される世界が広がっています*。

没後100年記念の際、元気でいれば生誕200年もお誕生日を祝って…と夢見た記憶がよみがえりました。そういえば拙宅の楽譜棚に埋もれているポリーヌの、それこそ誰の心にも届くポピュラーな趣の作品を、もっと広めたいと願って企画したのが、この3回目のコンサートです。あの3・11から10年目、大げさな振る舞いは不要との考えも強まりました。歌い手とピアニストのみの、最もミニマムな形に留めたのはそのためです。

ご出演くださる波多野睦美さん、山田武彦さんに、改めて心よりの謝意を捧げます。

本日はご来聴、誠にありがとうございました！　どうぞ最後までお楽しみくださいますように。

プログラム抜粋

ポリーヌ・ガルシア＝ヴィアルド（1821～1910）に捧ぐ（その3）

日時：2021年7月18日（日）

　午後2時開演（午後1時30分開場、午後4時30分終演予定）

場所：王子ホール（銀座）

今回は新型コロナ対策のため、感染状況の如何に関わらず、150席に限らせていただきました。

なにかとご不便をおかけしますこと、お詫び申し上げます。本日はマスクを着用し、

＊あろうことか、この2022年春、世界の強国の1つ、ロシアが隣国ウクライナに攻め入り、原発施設までも掌握、という信じがたい狂気が罷り通っている。自由と平和を求め、慈善活動にも力を注いだガルシア＝ヴィアルド一族なら、どのように反応しただろうか？

会話を避け、「黙聴」を心がけてくださいますよう、よろしくお願いいたします*。

出演・波多野睦美（メゾ・ソプラノ）
　山田武彦（ピアノ）
企画・構成・解説・お話：小林緑（国立音楽大学・名誉教授）
主催・知られざる作品を広める会（代表・谷戸基岩）

コンサート前半
お話
こんにちは、わが心　Bonjour, mon cœur（１８９５出版。詞・ピエール・ド・ロンサール**）
セレナード　Sérénade（１８８４出版・詞・テオフィル・ゴチエ）
セレナード（右記歌曲のピアノ編曲・１８８５出版）
マズルカ嬰へ短調　op.6 no.1（１８３０？作曲・フレデリック・ショパン）
愛の嘆き　Plainte d'amour（１８６４出版。詞・ルイ・ポメイ）〔右記マズルカをピアノ伴奏の独唱用に編曲〕
マズルカ　Mazourke　ポリーヌのオリジナル・ピアノ作品（１９０５出版）
子と母―対話　L'enfant et la mère–Dialogue（１８４３出版。詞・不詳）

＊1999年バーデン・バーデンで開催されたポリーヌ展カタログに収められたコピーを活用。虫に刺されマスクを着用したポリーヌの自画像
＊＊巻末付録②歌詞対訳を参照されたい。

星　Die Sterne（1864出版。詞・アファナシ・フェート）〔原語ロシア語をツルゲーネフの協力でドイツ語訳〕

コンサート後半

お話

バレエのための2つのエール　Deux airs de Ballet（1904出版）

1．無題　Moderato　2．いたずらっぽい女　Malicieuse

嘆き苦しんで　L'afflitta（1878出版。詞・不詳。トスカナ地方の民衆歌謡集より）

君の髪―ナポリ風歌謡　Ta chevelure–Chanson Napolitaine（1905出版。詞・ヴァンサン・デ・ロイス）

うまいぞ、ペピータ！　Alza Pepita!（1906出版。スペインの民俗舞踏）

あの人は行ってしまう…　Elle passe…（1905出版。詞・ポリーヌ・ヴィアルド）

自由こそ！―小姓の唄　Liberté–Chanson de Page（1905出版。詞・ステファン・ボルデーズ）

君を愛したい―愛の小唄　Ti voglio amar–canzone d'amore（1905出版。詞・不詳、トスカナ民謡）

以下は、プログラム表紙最上段に載せたジョルジュ・サンド（1804〜1876）のポリーヌ宛書簡の一節である。19世紀フランス文化・社会の傑出した女性2人の相互理解・尊敬を表する貴重なドキュメントゆえ、読者の皆様にはこの文言をしっかり記憶していただきたく、ここに再掲する：

「あなたは音楽の理想を司る女司祭です。その理想を広め、理解させ、音楽を嫌う人や無知なままにとどまっている人を、真実と美をめぐる直感と啓示へと導くことが、あなたの務めなのです。

あなたには名声を高めたり、富を蓄えたりするのではない、もっと偉大ななすべきことがあります」（1842年6月、『コンスエロ』執筆中のジョルジュ・サンドがポリーヌに宛てた手紙から）

ポリーヌの主要作品・その特徴

歌曲集および個々の歌曲の場合、タイトルを変えて複数の国で出版・再版されたケースも多々あるので、作品総数がどの位になるか、確言するのは難しい。詳しくは巻末文献表〔B51〕および〔B68〕の作品カタログ2種を参照されたい。*

作品の圧倒的多数は歌である。ショパンのマズルカのみならず、ブラームスやハイドンの器楽曲にフランス語詞を付して、歌に変容させているのも刺激的で面白い。

しかし何にもまして、生涯を通じて出自スペインの濃厚な民俗的色彩を湛えている点を特筆したい。オペラをはじめとするイタリア・古典音楽への積極的関心、ツルゲーネフを

＊2章の追記に掲げた坂口千栄の私家版も有用。

▲ダブルポートレート（ジョルジュ・サンドとショパン）。ドラクロアが未完で残したこの画は現在二つに分けられ、サンド像はコペンハーゲン・オルドルプガールド Ardrapgaard 美術館に、ショパン像はパリ・ルーブル美術館に所蔵。（出典：ショパン没後150年記念展プログラム、1999, Nohant）

◀ダブルポートレートを描いたドラクロア（1798-1863）

介したロシア音楽・文化との親近性、ドイツ語リートの卓越性などが、全世界的な活躍ぶりを体現している。また作品はあくまで実演されることを前提に創られたため、歌の弟子など特定の個人に献呈されている例が多く、その背景から音楽界に限らない交流関係や時代の動きがうかがわれる。ピアノの名手でもあったから、ピアノ曲には独特の魅力があり、歌曲の伴奏パートの精妙な造りにも驚かされる。

【室内楽】

6つの小品（1868）、ソナチネ（1874）〔以上、ヴァイオリンとピアノ〕
小組曲（1866）〔ヴァイオリン、ピアノ、タンブリンとトライアングルのための〕
軍隊行進曲（1867）〔フルート2、イングリッシュ・ホルン1、ピッコロ1、ブラスバンド〕

【ピアノ曲】

ワルツ（1855）、パヴァーヌ（1866?）、ガヴォットとセレナード（1885）、バレエのための2つのエール（1904）、マズルカ（1905）、うまいぞ　ペピータ！（1906）〔以上、独奏曲〕
序奏とポロネーズ（1873）、アルメニア組曲（1904）、ボヘミア行進曲（1905）〔以上、四手連弾曲〕

【舞台作品】

オペレッタ《女ばかり》（1867）、同《人喰い鬼—妖精物語》（1868）、同《最後の魔術師》（1869）、パントマイム《日本にて》（1891初演／1896再演）、オペラ・コミック《シンデレラ》（1904）。

〔《人喰い鬼》と《最後の魔術師》はツルゲーネフの台本による〕

【合唱作品】

新しい共和国（1848）、ボヘミアの合唱曲（1899）、アヴェ・マリア（1901・ソロと女声合唱、ピアノまたはオルガン伴奏）

【歌曲】（抜粋）

礼拝堂（1838）、宵の星（1838）、ヴィアルド＝ガルシア夫人のアルバム（1843）、花（1843）、子と母（1843）、ロシアの詩による12の歌曲集（1864）、ショパンの6つのマズルカ（1864）、同（1865）、星（前記ロシア歌曲集よりチェロの序奏付きで別個に出版・1865）、ルサルカ（1865）、ひどい天気だ（1870）、庭師（1870）、トスカナ地方の5つの歌曲集（1878）、4つのリート（1880）、ハバネラ（1880）、アイ・リュリ（1880）、カディスの娘（1885）、マドリード（1885）、15世紀の6つのシャンソン（1886）、18世紀イタリアの6つの歌（1886）、ロマの女（1886）、ラメント（1886）、絶望（1886）、3人のきれいな娘さん（女声3重唱・1886）、エルミオーヌのシェーナ

（1887）、二重唱 夢（1890）、葡萄摘みの3日間（1893）、夜（ヴァイオリンとチェロの助奏付き、1895）、雨の歌（オペレッタ《最後の魔術師》よりの再利用、1900）、あの人は行ってしまう（右記（既出）《庭師》をポリーヌ自身のフランス語詞に替え、音楽のみ再利用、1905）、自由を！（1905）

◀16歳の自画像〔B.16 p.225〕

◀ファニ・メンデルスゾーンの夫，ヴィルヘルム・ヘンゼル画 25歳のポリーヌ〔B.63 p.137〕

(上)ポリーヌがクララへの献辞をつけて送った写真（1864年）〔B.49 p.68〕▶

◀（下）晩年のポリーヌ
ロジェ・ヴィオレによる写真〔B.46〕

人物図

ホアキナ・シチェス=ガルシア
Joaquina Sitchès-Garcia
(1778?-1864)
母： 歌手、教師

ポリーヌ・ガルシア=ヴィアルド
Pauline Garcia-Viardot
(1821-1910)
本人： 歌手、ピアニスト、
作曲家、教育者

ルイ・ヴィアルド
Louis Viardot
(1800-1883)
夫： イタリア座支配人、
文筆家、翻訳家、
スペイン文化研究家

（ポリーヌ画）

イヴァン・ツルゲーネフ
Ivan Turgenev
(1818-1883)
ヴィアルド一家の終生の友人：
ロシアの作家

クローディ・ヴィアルド=シャムロ
Claudie Viardot-Chamerot
(1852-1914)
次女： 画家

マリアンヌ・ヴィアルド=デュヴェルノワ
Marianne Viardot-Duvernoy
(1854-1919)
三女： 歌手
フォーレと婚約するも数ヶ月で解消

ポール・ヴィアルド
Paul Viardot
(1857-1941)
長男： ヴァイオリニスト、作曲家

ポリネット・ブリュエール
Paulinette Bruère
(1842-1919)
ツルゲーネフの娘：
ヴィアルド家で養育

▲ショパン Frédéric François Chopin（1810-49）：没年に撮影された写真。マズルカの歌曲編曲は今や広く知られる。ショパンもポリーヌのスペイン風歌曲を絶賛。

▲リスト Franz Liszt（1811-86）アシル・ドヴェリアによる石版画（1832）少女時代のピアノの師で、その力量に感嘆。社会問題への関心も共有した尊崇の対象。

▲ポリーヌが描いたヴァーグナー Richard Wagner（1813-83）《トリスタンとイゾルデ》をポリーヌ邸にて作曲者と試演。自筆手紙のやりとりも残る。

▲ブラームス Johannes Brahms（1833-97）《アルト・ラプソディ》を献呈。；ポリーヌもハンガリア狂詩曲を重唱用に編曲している。

▲マスネ Jules Massenet（1842-1912）オペラ引退後、宗教劇《マグダラのマリア》主役で大評判。ポリーヌの葬儀で弔辞を読む。

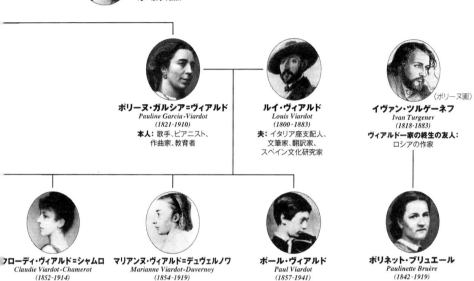

家系・交流

マヌエル・ガルシア
Manuel Vicente del Popolo Garcia
(1775-1832)
父： 歌手、作曲家、興行主

マヌエル・ガルシア二世
Manuel Garcia
(1805-1906)
兄： 歌手、声楽教師、
パリ音楽院および英国王立音楽院教授

「図像なし」

ウジェーヌ・マリブラン
Eugène Malibran
(1781-?)
義兄： フランス出身で
アメリカに帰化したビジネスマン

マリア・フェリシタ・ガルシア=マリブラン
Maria Felicita Garcia-Malibran
(1808-1836)
姉： 歌手、作曲家

シャルル・ド・ベリオ
Charles de Bériot
(1802-1870)
義兄： ヴァイオリニスト、作曲家
マリア・マリブランの再婚相手。
ポリーヌの息子ポールに
ヴァイオリンを手ほどき

次女クローディと
連弾するフォーレ
(1845-1924)
（ポリーヌ画）

23歳のサン=サーンス
(1835-1921)
（ポリーヌ画）

グノー *(1818-93)* **とポリーヌ**
（ポリーヌ画）　（グノー画）

ルイーズ・ヴィアルド=エリット
Louise Viardot-Héritte
(1841-1918)
長女： 歌手、作曲家、教師

▲マイヤベーア
Giacomo Meyerbeer（1791-1864）
ポリーヌのオペラ歌手としての評価を決定付けた《預言者》の作曲者。

▲ロッシーニ
Gioacchino Rossini（1792-1868）
父の代から一族と家族ぐるみで交流し、幼いポリーヌにも大きく影響。

▲ベルリオーズ
Louis Héctor Berlioz（1803-69）
《オルフェオ》仏語版を協働をはじめ、創作の助言も受けたポリーヌに一時深く愛着。

▲ジョルジュ・サンド
George Sand（1804-76）
ナダールの写真に基づく銅版画1864年。生涯にわたる親友にして同志。ルイとの結婚もサンドの思慮により実現。

▲クララ（1819-96）とロベルト（1810-56）シューマン
Clara Wieck +Robert Schumann 夫妻の石版画（1847）。ポリーヌとクララは少女時代からともに夫に先立たれた後まで交流。ロベルトは歌曲集作品24をポリーヌに献呈。

関連略年譜

1821：7月18日パリ・リシュリュー通りで生まれる（1832年まで一家総出によるパリ、ロンドン、ニューヨーク、メキシコなどでのオペラ上演、コンサートに加わる）
1822：父マヌエルが若い音楽家育成を目的に「リシュリュー通りクラブ」を開設
1825：ガルシア一家、ニューヨークにイタリア・オペラ巡演
1828：ガルシア一家、メキシコ巡演：当地で盗賊団の襲撃に遭い大損害蒙る
1829：フランス帰国
1830：父マヌエルが舞台から引退して歌唱教育に専心、ポリーヌがその伴奏を受け持つ
1832：父が57歳でパリにて急逝。歌唱、演技、作曲、記憶力、料理に傑出した技量を発揮。
1835：この頃からピアニストとして義兄ベリオとともに舞台出演
1836：姉マリアが落馬事故をきっかけにマンチェスターで急逝
1837：マリアの後継者として？ブリュッセルで正式に歌手としてデビュ
1838：ライプツィヒでクララ・ヴィーク（のちシューマンと結婚）と出会う／バッハ《平均律》全曲を暗譜で弾き通したのを聴いたリストが驚嘆し、ピアニストへの道を薦める／ベリオとともに歌手として各地で共演／ルネサンス劇場でロッシーニ《泥棒かささぎ》によりパリ・デビュ
1839：ロンドンおよびパリで《オテロ》出演／ジョルジュ・サンドおよびショパンと出会う
1840：イタリア座支配人ルイ・ヴィアルドと結婚、新婚旅行先のローマでグノーやファニー・メンデルスゾーン＝ヘンゼルと出会う／ルイ、妻のツアーに同道するためイタリア座を辞職／ロベルト・シューマン《リーダークライス》op.24をポリーヌに献呈／アンヴァリッドでのナポレオンの遺灰帰還に際しモーツァルト《レクイエム》を歌う

1841：長女ルイーズ誕生／ノアンのサンド邸に初めて滞在
1842：スペイン・ツアー／サンド、ポリーヌをモデルにした『コンスエロ』連載（→1844）／サル・プレイエルでショパンと共演／イタリア座でロッシーニ《セミラミス》出演
1843：ロシアに初のツアー（以後44、45、53年にも）／ツルゲーネフと出会う
1844：クララ・シューマンとヴィーンで再会／パリ東南のクールタヴネルの城館を購入
1845：ツルゲーネフがフランスに来訪（以後たびたび往復）
1847：ドイツ各地にツアー
1848：2月革命／カンタータ《新しい共和国》作曲・上演／ドゥエ街に家購入／ロンドンでショパンと共演／各地でドニゼッティ《夢遊病の女》などオペラ出演
1849：マイアベーア《預言者》パリ初演／ショパン死去、葬儀でモーツァルト《レクイエム》を歌う／グノーとの交流がツルゲーネフと並ぶほど親密になる
1850：ツルゲーネフの婚外子ペラゲーア（のちポリネット）を自宅に受け入れ、養育／ツルゲーネフがペテルブルクで1856年まで拘留される
1851：グノー《サッフォー》パリ・オペラ座にて初演／ルイ・ナポレオンのクーデター
1852：次女クローディ誕生／グノーの結婚をめぐる軋轢から彼との交流を断つ
1854：3女マリアンヌ誕生（77年フォーレと婚約するもすぐに破談）
1855：ロンドンでヴェルディ《トロヴァトーレ》のアズチェーナを歌う／同地でモーツァルト《ドン・ジョヴァンニ》自筆楽譜を購入
1857：末子ポール誕生
1858：ユリウス・リーツとの手紙を介した強い交流が始まる（1861年ごろまで？）
1859：ベルリオーズとグルック《オルフェオ》のフランス版を協働、初演
1860：ベートーヴェン《フィデリオ》出演／ヴァーグナー《トリスタンとイゾルデ》第2幕を作曲者

とともに自宅で試演
1861：イタリア、ドイツ、フランスの巨匠たちの作品に多角的な解説を施した『古典歌曲集』の膨大な選集の出版開始（1891再刊）
1862：サル・エラールにてクララ・シューマンと共演／この頃「女子職業教育協会」に寄附
1863：テアトル・リリックでの《オルフェオ》をもって表向きには舞台より引退／バーデン＝バーデンに転居／ルイーズ、外交官エルネスト・エリットと結婚／ベルリオーズ《トロイ人》パリにてポリーヌ抜きで初演、両者の関係冷却
1864：母ホアキナがブリュッセルで死去／クールタヴネルの城館を手放す
1867：ツルゲーネフの台本によるオペレッタ《最後の魔術師》初演（以後各地で再演）
1870：普仏戦争／バーデン＝バーデンからロンドンへ移住／イエナにてブラームス《アルト・ラプソディ》初演／《軍隊行進曲》完成（プロシャ国王ヴィルヘルム1世に献呈）
1871：ポリーヌ死去の噂流れる
1872：パリ帰郷、ドゥエ通り〝木曜サロン les Jeudis〟再開／カヴァイエ・コル製オルガンも再設置／パリ音楽院声楽教授に就任（75年辞任）
1873：マスネのオラトリオ《マグダラのマリア》初演（オデオン座）で主役、大成功／シューベルトのリート50を選曲、ポメイのフランス語訳を付して監修・出版
1874：ブジヴァルに別邸購入、ツルゲーネフも倣う／サン＝サーンス《サムソンとデリラ》試演
1876：ジョルジュ・サンド死去
1877：グリーグ《ピアノ協奏曲》をマリアの息子、シャルル＝ウィルフリド・ベリオ（1837～1914）のピアノ・ソロ、ポリーヌのオケ・ピアノで試演
1880：『1時間で学ぶ女声のための練習曲集』2巻を出版、パリ音楽院の教科書に採用される
1881：ツルゲーネフ最後の短編小説『恋の凱歌』出版

1883：5月5日夫ルイ、パリで死去／9月3日ツルゲーネフ、ブジヴァルで死去。（次女のクローディがツルゲーネフの遺骨に付き添いペテルブルクでの葬儀を見届ける）
1884：フランクフルトで共に夫を失ったのち幼馴染クララ・シューマンと最後の出会い
1885：サンジェルマン・デプレ通りに転居／オルガンをムラン市教会に寄贈
1886：チャイコフスキーが初来訪、ポリーヌに魅了され、以後たびたび面談／リストの要請でサン＝サーンス《動物の謝肉祭》を自宅で試演
1891：サン・ジェルマン通りの自邸にて、パントマイム劇《日本にて》試演、大好評
1892：《ドン・ジョヴァンニ》モーツァルト自筆楽譜をパリ音楽院図書館に寄贈（現在はBNFにて保管）
1892：歌曲《日本娘》を《6つの歌曲集》に収録・出版（1896年のパントマイムで再利用）
1896：ピアノ伴奏によるパントマイム《日本にて》出版。パリのボディニエール劇場およびロンドンでも上演、翌年にはペテルブルグでも豪華な演出・装置に拠り上演、大評判
1901：レジオン・ドヌール受勲／レイナルド・アーンと《ドン・ジョヴァンニ》の自筆楽譜をめぐって音楽談義／教え子リディ・トリッジ＝ハイロートが、ジュネーヴにて師を称える講演とポリーヌ作品によるコンサートを開催。
1904：オペレッタ《シンデレラ》作曲・上演（台本も自製。1972年にポリーヌの生誕150年を祝しイギリスで再演）
1906：兄マヌエル2世がロンドンにて101歳で死去
1910：5月18日、自宅にて89歳で死去／サント・クロチルド教会にて葬儀、サン・サーンスとマスネが弔辞／モンマルトルのヴィアルド家墓地に埋葬／当時孫7人、曽孫4人
1941：12月11日、末子ポール、パリ音楽院分院長として赴任先のアルジェリアで死去

主要作品表、家系図、略年譜を、敢えて次章「生涯のあらまし」に先立って置いたのはほぼ1世紀にわたるポリーヌの巨大な足跡は、私ひとりの筆力ではとても追いきれないと観念したためである。次章を説明不足と感じられた読者は、これらの資料も補ってお読みいただきたい。本書を生誕200年コンサートの内容を記録として広くお届けしたいというのがもともとの狙いであったことも、ご理解いただければ幸いである。

▲ジョルジュ・サンドの息子モーリスが描いたカリカチュア（1873）
“音楽、踊り、熱狂 Musique, danses et follies”との書き込みあり。

ポリーヌは1866年頃ピアノ、ヴァイオリン、タンブリン、トライアングルによる子供のための《小組曲》を書いたが、出版はされなかったようだ。モーリスの画はノアンでのヴィアルド一家を交えた団らんのシーンを再現したものか。〔B58 p.129〕

2章　生涯のあらまし

「Pauline Viardot-Garcia《ポリーヌ・ヴィアルド＝ガルシア》（1821年7月18日生）が巴里で死んだ。著名なGarcia《ガルシア》の娘でMalibran《マリブラン》の同胞である。オペラ女優になってヨオロッパを周遊した。自作のオペラも二つある。一つはTurgeniew《ツルゲーネフ》がリブレットオを描いた」

1910年6月10日付の『椋鳥通信』にこんな1節があった。森鷗外（1862～1922）がドイツの新聞『ベルリナー・ターゲブラットBerliner Tageblatt』の学芸欄から芸術家の消息を入手し、要約の上『スバル』誌に連載したこの『椋鳥通信』は、洋楽受容の歴史にとって貴重な情報源となっている。なにしろ、いまだに女性作曲家という言葉に耳馴れない響きを感じるこの国の音楽界にあって、20世紀初頭という早い段階で、オペラを書いた女性について報じているのだから。しかし、いかに即時性を尊ぶ通信とはいえ、この断片的な記事からは、問題の女性の実像はほとんど何も見えてこない。ドイツのマスメディアがいち早くその死亡記事（命日は5月18日）を載せた、ポリーヌ・ヴィアルド＝ガルシアとは、いったい何者だったのか？

ブリュッセルで歌手デビュー

鷗外のいう「著名なGarcia」とは、《セビリャの理髪師》をはじめとするロッシーニのオペラの主役を創唱したことで知られる、マヌエル・ガルシア（1775～1832）のことである。テノール歌手としてだけでなく、作曲、演技、教育にも並外れた力を発揮したこのスペインの音楽家は、最初の妻とのあいだに娘を1人、再婚相手とは息子1人と娘2人をもうけた。2人の妻はもともと歌手であり、合わせて4人の子供たちも皆その道で大成した。マヌエル・ガルシア2世（1805～1906）を名乗った息子はバリトン歌手となり、また声楽教本『歌唱法大全』*（1840）を著して声楽史に不朽の名を留めた。初婚相手の姓を取ってマリブラン（1808～36）と呼ばれたその妹マリア・フェリシタも、全ヨーロッパで圧倒的人気を博すディーヴァ（歌姫）となる。ポリーヌはこのマリアより13年後に生まれたガルシア1世の末子だ。だから鷗外には「Malibran の妹」と書いてほしかった。このポリーヌが、父と同じようにマルチタレントの音楽家になりえた要因の第一に考えられるのが、その出自である。ガルシア家では音楽は空気のようなもので、父、母、兄、姉の全員が歌い、かつ作曲した。こうした環境では、作曲といえども、天才が霊感に導かれてなす超越的な創造行為などではなく、日常の手仕事、組織的訓練の賜物であり、男女の別なく自然に受け継がれる生業だったことであろう。

パリに生まれ、パリに没したポリーヌは、幼い時分から国際的な空気をたっぷり吸って育った。父が1807年以降はスペインを離れ、一家を挙げてヨーロッパをめぐる楽旅に明け暮れたからである。1825年、マリアのセンセーショナルなロンドン・デビューをきっ

＊『歌唱法大全』（1840）の現代復刻版（Eroica）表紙

かけに、一家はニューヨークに、ついでメキシコに渡り、新大陸で初のイタリア・オペラ上演を果たした。その演目には、ロッシーニの作品6つ、ガルシアの自作2つに加え、モーツァルトの《ドン・ジョヴァンニ》が並べられた。当時4歳のポリーヌにとって、これらの調べはさぞや成長の糧となったであろう。1829年のパリ帰着前後から、母に歌を本格的に習い始め、10歳頃には父の歌のレッスンでピアノ伴奏を引き受けるまでになっていた。この頃、父の弟子の1人で高名なテノール歌手、アドルフ・ヌリ（1802～39）と、当時まだ筆写譜でしか伝わっていなかったシューベルトのリートを、フランスで初めて演奏するという経験も持った。1832年、父が57歳で急死し、その4年後には父の薫陶を一身に受けたマリブランも、名声の絶頂期に28歳の若さで、落馬事故をきっかけに不慮の死を遂げた。

こうした喪失の大きさを補うかのように、翌1837年、末娘ポリーヌがブリュッセルで歌手としてデビュ、その2年後には、いよいよオペラの世界に進出する。17歳、ロッシーニの《オテロ》のデズデモナ役にてロンドンの初舞台を踏んだのだが、こうしたキャリアは、姉のマリアが辿った軌跡そのままであった。その手順を整えた母には、妹に姉の代役を演じさせようという胸算用が働いていたことは十分想像されよう。ポリーヌを語るとき、人はマリブランとの比較を持ち出さずにはいられない。けれども、姉のほうが輝くばかりの美貌に恵まれていただけに、妹には分が悪かった。ポリーヌは知性に優れるものの、控えめで、サン＝サーンスの言葉を借りれば「むしろ醜い」顔立ちだったからである。

アルフレッド・ド・ミュッセ▶

結婚、そしてツルゲーネフとの出会い

当時、文壇の耳目を一身に集めていたジョルジュ・サンド（1804～76）も、マリブランの突然の死で行き場を失った賛仰をポリーヌに注ぐようになった1人である。この女性作家は、ショパンとの恋愛関係を深めるのとほぼ同時期に、ポリーヌの稀有の才能を見抜き、その芸術家としての大成にさまざまな形で関与していくことになる。1840年、ポリーヌは批評家でのちのイタリア座支配人、そしてスペイン研究者でもあったルイ・ヴィアルド（1800～83）と結婚した。*これは、才能の十全な開花には、落ち着きと安定した結婚生活が不可欠であるというサンドの深慮から実現したものらしい。事実、21歳年長の夫ルイは精神的指導者、友人、マネージャーとして若妻を支え、のちに触れるツルゲーネフとの終生にわたる不思議な三角関係にもかかわらず、43年間の結婚生活を全うしたのである。

授かった子供は4人。長女ルイーズ（1841～1918）は、作曲の才能に恵まれた歌手兼教師で、「この人を男性にしなかったのは何たる神慮の不足！」とサン＝サーンスを嘆かせた。次女クローディ（1852～1914）は画家になり、3女マリアンヌ（1854～1919）はガブリエル・フォーレとの婚約を破棄し、ピアニストで作曲家のアルフォンス・デュヴェルノワ（1842～1907）と結婚した。末っ子の長男ポール（1857～1941）はヴァイオリニスト、作曲家、指揮者となり、フォーレのヴァイオリン・ソナタ第1番を献呈されたことでも知られている。

＊ルイがポリーヌに求婚する様子をカリカチュア化したミュッセの絵が Fitzlyon［B15］に 20 枚ほど掲載されている。次頁のイラストはそこからの抜粋。描いたミュッセはサンドの恋人としても知られた 19 世紀の代表的詩人・作家（1810 ～ 57）。
ルイ・ヴィアルド、ポリーヌ・ガルシア、ポリーヌの母ガルシア夫人、ルイの姉妹たちなど当事者家族に加え、ジョルジュ・サンド（代表作"アンディアナ"の名前で）、ミュッセ自身、ミュッセの友人で彫刻家のジャン＝オギュスト・バール，ミュッセの兄ポールなど、ポリーヌに関心を持つ第三者が登場し、それぞれの一喜一憂を描き出す。

アルフレッド・ド・ミュッセ Alfred de Musset（1810〜57）のカリカチュア画・文

：ポリーヌ・ガルシアとルイ・ヴィアルドの結婚（1840）をめぐって

出典＝ April Fitzlyon: *The Price of Genius*〔B15〕

▲ルイはポリーヌへの結婚申し込みがうまくいかなかったとジョルジュ・サンドに打ち明ける。サンドは、「私が説得してみる」と長ぎせるにかけて誓う

▲サンドはまずポリーヌを説得してから、ポリーヌの母親を穏やかに威厳をもって説き伏せる。右の後景にはルイが必死でポリーヌに求婚している様子が描かれている

女性を話題にする場合、既婚者や母親には信頼を寄せる一方、独身や子なしを逸脱者とみなす当時の社会規範に照らせば、サンドの読みは当たりだった。ただし、ルイが反体制的な雑誌『独立評論』を創刊し、2月革命に積極的に加担した左翼だったことが、ポリーヌの舞台生命を縮めるのにいくぶん災いしたとも言える。サンドは、このポリーヌをモデルにした長編小説『コンスエロ』を、1842年から翌年にかけて完成させていた。また詳細はわからないが、パリの芸術界に絶大な影響力を揮ったサンドとポリーヌが力を合わせ、フランスの民謡収集にあたったという事実も、非常に意味深いことと映る。

もう1人、ポリーヌと深い友情に結ばれた著名な女性がいる。クララ・ヴィーク＝シューマンである。クララについて優れた伝記を著したナンシー・ライク*によれば、1838年にライプツィヒで初めて出会って以来、1896年に2歳年長のクララが死ぬまで、2人は互いの才能を認め合い、実生活でも芸術活動においても交流を絶やさなかった。ポリーヌが成功裏にロシアの演奏旅行を終えようとしていた1844年、クララは夫ローベルトとともに当地にやって来た。ポリーヌは当地の新聞のインタヴューで「私はあなた方にクララ・シューマンを残していきます。ピアノを通した彼女の歌は私のより素敵ですわ」と語っている。クララにとってもポリーヌは「知るかぎり最も才能ある女性」だった。1862年4月23日、パリのサロン・エラールで開かれたクララのコンサートでは、ロッシーニを歌うポリーヌをクララが伴奏し、シューマンの2台のピアノのための変奏曲を共演したという、興味深いプログラムが組まれている。クララがベルリンからバーデン＝バーデンに転居して、1863年から約10年間そこで過ごしたのも、ポリーヌの勧めによる

* Nancy B. Reich: Clara Schumann, The Artist and the Woman.（1985　高野茂訳）『クララ・シューマン　女の愛と芸術の生涯』1987　音楽の友社）

ものであった。

ポリーヌはサンドを介してショパンとも当然親しかった。1842年、サル・プレイエルで開かれたショパンの数少ない公開コンサートで共演したときには、サンドが2人の子供とともに聴きに来ているし、彼らが別れて1年後の1848年にも、ポリーヌはショパンのマズルカ12曲［実は15曲］をフランス語の歌に作り替えている。この編曲をショパンがたいそう喜び、彼女が歌うときには必ずその伴奏役を買って出たといわれるが、このエピソードは、ショパンの創造の源泉があくまでも「歌」であったことを物語っていよう。1838年にはリストの門下に入り、一段とピアノの腕を上げたポリーヌについて、ショパン作品の奏法や解釈に貴重な示唆を与え、またテンポ・ルバートの意義をよく心得ていたと、サン゠サーンスが指摘している。このサン゠サーンスはまたポリーヌを「単に偉大な声楽家というだけでなく、文学も美術もすべてを知る生き字引であった」と称え、ショパン亡きあと、ポリーヌの伴奏役を喜んで果したという。

1843年、ポリーヌの生涯に大きな跡を印す出来事が訪れる。初めてロシアに演奏旅行した際に、作家イワン・ツルゲーネフ（1818～83）と出会ったことである。彼は二葉亭四迷による翻訳などを通して日本近代文学とも深く結びついているが、ポリーヌとの交友はどんなものだったのだろうか。冒頭に引いた『椋鳥通信』の1ヵ月あとの1910年7月7日号に、改めて鷗外はポリーヌの人となりを知らせる記事を載せている。やや長いが、なかなか興味深い内容なのでそのままご紹介しよう。

▲ポリーヌを「指導」？するショパン
〔B12 p.134〕

◀ポリーヌが描いたショパンのカリカチュア
〔B46〕

「先頃亡くなった歌うたひ Pauline Viardot-Garcia の遺物の中に、これまで公にせられていない Turgenjew の小説『藝術のための生活』があった。未完である。端紙にポオリイヌの手で、我が死後十年ならでは刊行すべからずと書いてある。ポオリイヌは千八百四十何年かに、イタリアのオペラ組合に加はって、ペエテルブルクへ行った。ツルゲニエフは崇拝者の一人で、友人四人と連名で、此の女に爪に金めっきをした熊の皮を贈ったことがある。女がベルリンを経て巴里へいくとき、詩人も付いて行った。当時詩人は母に見放されて、筆で生活するやうになったので、女は気の毒がって、巴里近郊の別荘に住まはせてくれた。そこで『獵人の記』の大部分を書いた。* 六十何年かにヴィアルドー一家が Baden-Baden に移るので、詩人も一緒に移った。独仏戦の後に皆揃って巴里に帰った。ポオリイヌの夫 Louis も詩人と親しくして、Gogol, Puschkin, Turgenjew 自身の作なんぞを訳させてもらった。ツルゲニエフは少なくない財産と著作権の全部をポオリイヌに残して遺ったのであった」（『鷗外全集』第27巻、岩波書店）。

ポリーヌとツルゲーネフのあいだの事実関係は、大筋において鷗外の記したとおりだ。ただし、冒頭の訃報にあるポリーヌ作のオペラ（およびオペレッタ）の数は5つ、うち3つがツルゲーネフの台本によるものと訂正しなければならない。それに、脊髄癌に冒された作家の死の床に1人膝まずき、『海上の火災』と『終末』の口述筆記の労をとり、遺志に誠実に添い、娘クローディを付き添わせて遺体をペテルスブルクに埋葬させたのは、ポリーヌであった。

*ツルゲーネフがポリーヌと出会う前、使用人の女性との間にもうけた娘ペラゲーア（のちポリネットと呼ばれる）を、作家の要請にこたえて、夫ルイと相談のうえ、1850 年頃、パリの自邸に引き取り養育している。p21、年表 1850 の項参照。同じ歳頃の長女ルイーズとも対等に扱ったというから驚きだ！ このあたりの厄介な家庭的状況をめぐっては、アンリ・トロワイヤのツルゲーネフ伝〔B23〕に詳述されている。

ポリーヌにとって、夫ルイはあくまで自らのキャリア達成上の協力者と見なされていたので、真の情熱を傾けた相手は、どうやらこのツルゲーネフ1人であったらしい。だが何より、この両者の結びつきが、19世紀フランスとロシア間の芸術交流の窓口となったことは認識しておく必要があろう。また外国人として初めてロシア歌曲を原語で歌うという快挙もポリーヌによってなされたが、その発音も、天性の語学センスとツルゲーネフのコーチを得て、あたかもロシア人が歌ったように、少しの誤りもない見事さだったと伝えられる。ポリーヌのオペラ舞台での華々しい成功も、このロシアの文豪との宿命的な共生関係を育む傍らで実現した。以下しばらく、オペラ歌手ポリーヌの活躍の跡を追ってみよう。

《預言者》の母親フィデスを▶演じるポリーヌ〔B46〕

オペラ歌手としての道のり

先に触れたデズデモナ役によるロンドン・デビューの評判は寡聞にして知らないが、その10年後の1849年4月16日、オペラ座で初演されたマイアベーア作《預言者》のフィデス役によって、ポリーヌのオペラ歌手としての地位は不動のものとなった。そもそもこの作品は、ポリーヌを主役に想定しつつ書き進められたもので、作曲者のたっての希望で、当時ロンドンにいたポリーヌがパリに呼び返されるという経緯があった。この舞台で、ポリーヌは16世紀プロテスタント再洗礼派の謀略で予言者に仕立てられた息子の母、というオペラ史上前例のない役柄を見事に演じきった。これを観て「彼女こそ古今最大の芸術家である」と激賞したのはエクトル・ベルリオーズである。一方、19世紀前半のロンドンの音楽状況に詳しく、同じくパリ初演を観たイギリスの音楽批評家ヘンリー・チョーリー（1808〜72）は、「これは自然における芸術の、また芸術における自然の勝利である」と評した。*彼がツルゲーネフとも親しかったのは、ポリーヌが体現してみせたような芸術、つまりは頭ではなく心から生まれる類の音楽を愛することにおいて、2人が共通していたからであろう。

グノーのオペラ《サッフォー》の成功

ポリーヌに次の成功をもたらしたのは、2年後の1851年、シャルル・グノーのオペラ第一作《サッフォー》である。ポリーヌの本能的演技力、音楽経験の深さ、抜きんでた歌唱力、無比の知性ゆえに、女性としても歌手としても俳優としても、彼女に魅せられていった男性は多い。グノーもそうした1人だった。1850年以後数年間、ポリーヌの生活にもグノーの存在が大きな位置を占めるようになり、当時ロシアに一時帰国していたツルゲーネフとの精神的絆よりも、グノーとのそれのほうが強かったとさえ言われる。《サッフォー》のグノーがオペラに初めて手を染めたのも、彼女に励まされてのことだった。《サッフォー》の作曲から制作、上演に至るすべてに関与したポリーヌは、タイトル・ロール［題名役］を歌ったが、ふたたびチョーリーを引用すると、彼はこれを「（恋人に誤解され、ひとりレズボスの波打ち際に取り残される）悲嘆きわまりない状況に、この上ない詩情をもって完

＊ Patrick Waddington: *Henry Chorley, Pauline Viardet and Turgenev: A Musical and Literary Friendship*. (The Musical Quarterly, 1981, April vol LXVII/2)

壁に身を委ねたもの」と称えている。

名声の頂点《オルフェオ》

この後ポリーヌは《フィデリオ》《ノルマ》《アルチェステ》《アズチェーナ》《マクベス夫人》などをレパートリーに加えていく。しかし彼女の名声の頂点を画したのは1859年11月18日、テアトル・リリックで初演されたグルックの《オルフェオとエウリディーチェ》だった。ベルリオーズがパリの聴衆のために特別に編み直したため、「ベルリオーズ版」ともよばれるこの上演では、当然、主役オルフェオ＊も、グルックの原作であるウィーン版（1762年）のカストラートからメゾ・ソプラノへ、つまり「ソプラノとテノールの混じり合った」ポリーヌの声に合わせて、改められたのである。もともとフランスはカストラートを許容しない、ヨーロッパでも例外的な国であった。それに加えて、19世紀の近代市民社会到来とともに、男役・女役を問わず、バロック時代のオペラに君臨したカストラートは次第に排除されていき、ナポレオンがカストラート養成音楽院を廃止させると、男役は男が、女役は女が受け持つことが当たり前となった。その結果、カストラートの軽やかでパワフルな声を想定して書かれた登場人物は、ポリーヌのような力強い女性アルトに委ねられるようになったのである（オルフェオは現在でもメゾ・ソプラノの持ち役になっている）。

19世紀がさらに進むと、カストラートおよびその継承者ともいうべき女性アルト、ある

＊《オルフェオ》の題名役を演じるポリーヌ〔B46〕

いはカウンターテナーに特有の両性具有的で艶やかにして軽い声の伝統が失われていき、若く美しいヒロインはもっぱら頭声の高いソプラノで、そして力強い英雄は胸声を張り上げるテノールで、という具合に性と声の棲み分けが確立していく。このことが、男女の性別役割を固定化する風潮と軌を一にしているのは言うまでもない。この時代、オペラでは女性役が不可欠なため、女性を女性ゆえに排除しない唯一の公的職域となり、カストラートの衰退に反比例して、オペラ熱はひたすら女性の歌姫たちに注がれるようになった。教授陣を男性ばかりで固めていたパリ音楽院でさえ、1795年の創設当初から、オペラ科にのみ女性の正教授を認めていた。このように、ポリーヌのオルフェオをめぐっては、「音楽とジェンダー」を考える契機がいくつも潜んでいる。

小説家チャールズ・ディケンズが「並びなき悲壮感と崇高な演技で満たされた驚くべきパフォーマンス」と感嘆するなど、国際的にも評判を高めたこのオルフェオの当たり役（続く3年間に150回の上演を記録した）をもって、実質的にポリーヌはオペラ歌手としての生命を終えた。あまりに役柄を広げすぎて声を潰したためか、あるいはビロードのように滑らかというよりは玄人好みの渋みがかった声質がもはや大衆に受けなくなったためか、理由は定かではない。

作曲家としてのポリーヌ

当時のパリのオペラ界に及ぼしたポリーヌの影響は、以上に留まらなかった。《オルフェオ》に先立つ1858年、ベルリオーズが、イル・ド・フランスの一隅にあるクールタヴネルのポリーヌの別邸を訪れている。作曲家が家族の問題から心身ともに危うい状態にあるのを見兼ねて、ポリーヌが招待したのだった。表向きの目的は静養であったが、ベルリオーズは進行中の《トロイ人》の草稿を携えてきていた。ベルリオーズ自身はピアノを弾けないため、ポリーヌのオーケストラ視奏（オーケストラの譜面を即座にピアノで再現させること）の優れた能力に助けられて、推敲を重ねることができた。ポリーヌの子供たちの証言によれば、ベルリオーズの低声部の誤りを彼女が正す場面もしばしばあったらしい。

1860年には、パリの自宅サロンでヴァーグナーの《トリスタンとイゾルデ》第2幕を作曲者と共演し、非公開ながらフランス初演の記録となった。またバーデン＝バーデンに移った1863年以降、普仏戦争の混乱を避けてロンドンに退避する1870年に至るまでの間に、ポリーヌはオペレッタを3つ完成させている。いずれも台本を提供したのは、このときまた隣人となったツルゲーネフである。その一つ《最後の魔術師* Le dernier Sorcier》は、ヴァイマルでブラームスの指揮により1869年4月8日に初演された。そもそもリストの勧めで書かれたこの作品は、声とピアノ・パートはすべてポリーヌの手になったが、オーケストレーションはリスト

＊没後100年記念に再演された際のチラシ

が施したという。彼女の作曲に関する知識の深さに圧倒されたサン＝サーンスでさえ、ポリーヌがオーケストラの扱い方には疎かったと述べている。生まれながらの歌い手としての本能が、オーケストレーションという、ある程度機械的な作業には、重きを感じさせなかったためかもしれない。サン＝サーンスは《サムソンとデリラ》をポリーヌに捧げたものの、初演はポリーヌがすでに引退した1877年に行われたため、彼女にデリラ役を委ねることは叶わなかった。

前述のように、パリ音楽院では例外的な女性教授として、ポリーヌが1871年から1875年まで、オペラ科で後進の指導にあたったことも忘れてはならない。その音楽院の教授職を辞したのは、自分1人で芸術家を育てたいと考えたからとみる向きがある。40歳そこそこで舞台を諦めたポリーヌのおよそ半世紀にわたる後半生は、したがって、おもに作曲とサロン運営そして教育に充てられた。作品としては上記の舞台作品5つのほか、多数の歌曲とピアノ曲、若干の合唱曲、2つのヴァイオリン作品などが挙げられる。歌曲では、彼女のキャリアの国際性そのままに仏、伊、露、英、西、独といくつもの言葉が使われ、また優れたピアニストとしての技量を反映してか、伴奏声部に洗練した書法がみられるのも特徴とされる。面白いのは、ハイドンの弦楽4重奏曲、ブラームスの《ハンガリア狂詩曲》といった器楽曲を歌曲に編曲していることである。ショパンのマズルカ編曲についてはすでに紹介した。

私がこのヴィアルド編マズルカを4つ、「共創のコスモロジー――創造する女性」をテーマに掲げた1996年「東京の夏」音楽祭で、レクチャー・コンサートに取り上げたと

バーデンーバーデンの遠景▶
1850年頃。J. ポッペル作成の銅板画。出典は〔B49〕p. 22

▲ヴィアルド邸での午後の音楽会〔B49 p.158〕

◀手紙を読むポリーヌ〔B49 p.91〕

ころ、聴衆はとても新鮮な驚きをもって迎えてくれたようだ。こうした歌曲もおそらく、サロンのような親密な空間で楽しまれたのであろう。

豪華メンバーのサロン「木曜日」／晩年

クリシー広場近く、ドゥエ通り50番のヴィアルド家では、毎週木曜日に客を迎えていた。マラルメの「火曜日」はつとに有名な文学サロンだが、ポリーヌが取り仕切るこの「木曜日」も、数あるうちで最も名望ある音楽サロンとして知られている。女主人の自作品はもちろん、《トリスタンとイゾルデ》や《サムソンとデリラ》といったオペラ、そしてヘンデルやメンデルスゾーンのオラトリオまで、その一部が披露された。サン゠サーンス、フォーレ、サラサーテ、グノー、ベルリオーズ、ヴァーグナー、リスト、ツルゲーネフ、フロベール、ミュッセ、サンド、アングル、ドラクロア、シェフェール*など錚々たる招待客たちがカヴァイエ・コル製作の美しいパイプ・オルガンを囲んで、ポリーヌの演奏に耳を傾けた。この様子を描いた木版画が伝えるように、サロンは、軽い娯楽的な音楽ばかりを供し、浮ついた会話を交わすための場ではなかったことが理解されよう。

本来、サロンはコンサート・ホールやオペラ劇場と並んで、19世紀の音楽界の根幹であった。しかし、個人の私的音楽空間が、近代市民社会が肥大するにつれてコンサート・ホールという公共の大きな劇場に圧倒されて衰退し、サロンも今日の過小評価に甘んじることになってしまったのである。ヴィアルド家の「木曜日」では、通例シェイクスピアのモノローグで幕が開けられ、音楽の合間に寸劇も挟むなど、格調が高いだけでなく、心の通

＊画家アリ・シェフェール Ary Scheffer（1795 ～ 1858）は夫ルイの親友にしてポリーヌの精神的指導者とも目されるが、実は画家自身も彼女に恋していた、とする説がある。何より、彼はポリーヌの最も美しい肖像画（生誕 200 年コンサート・プログラムの表紙に使用）の作者だ。それを展示しているロマン派美術館 Musée de la Vie Romantique は、シャプタル通り 16 番に今なお床しい佇まいを見せているが、シェフェールはその初代オーナーだったから、ポリーヌ伝には欠かせぬ存在なのだ。ちなみに近辺の緑地はポリーヌ生誕 200 年を機に、ヴィアルド公園と命名された由――これはポリーヌ 200 年関連の You Tube で得た情報である。

い合うような演出が凝らされていた。クールタヴネルの別邸でも、転居したバーデン＝バーデンでも、そしてロンドンの避難先でも、こうしたサロン運営は続けられている。彼女のサロンとその人間関係の中で育まれた芸術家たちを網羅するならば、ジョルジュ・サンドのサロンにも匹敵する壮麗な人物絵巻となるに違いない。ちなみに、シューマンは《リーダークライス》作品24を、ブラームスは《アルト・ラプソディ》を、フォーレは作品4と7の歌曲を、彼女に捧げている。このオペラの元スーパースターは、献身的かつ聡明な人柄によって、当時なお市民としての社会的ステータスから排除されていた歌手たちの地位上昇にも貢献したのである。

1883年、夫とツルゲーネフを同時に喪ったあとのポリーヌの生活ぶりに関しては情報が少ない。翌年、ドゥエ通りからサン・ジェルマン通りへ移り住んだこと、1885年には、サロンに光彩を与えていたカヴァイエ・コル製オルガンを、クールタヴネルのムラン教会に寄贈したこと、新しい世紀に入った1901年には、作曲家で歌手だったレイナルド・アーンの訪問を受けたこと、などがわかっている。1904年には最後のオペラ《シンデレラ》を作曲した。これは1972年、生誕150年記念としてイギリスで、ついで1981年に再演されたと伝えられている。1906年には101歳の長寿に恵まれた兄マヌエルの訃報がロンドンから届く。ポリーヌ自身はその4年後、89歳の生涯を閉じたが、彼女は自分に残された時間を正確に予測していたようだ。原因不明の病に突然とらえられたポリーヌは、2日間、姿の見えぬ幻以外とはもはや口をきかなかった。そして、微笑み、頭を掲げ、かすかに両手を動かしながら、最後に凛として「ノルマ！」（ベッリ

アリ・シェフェール（ポリーヌ画）▶

ーニのオペラ《ノルマ》のこと。ポリーヌがよく演じた役）の一言を発し、こと切れたという。

89年という長い人生のあいだに、モーツァルトの台本作者として知られるダ・ポンテ（1749～1838）とも、《サロメ》で大胆な無調の世界に踏み込んだリヒャルト・シュトラウス（1864～1949）とも、個人的な知遇を得た彼女こそは、19世紀音楽界の生き証人、もしくは18世紀古典派から20世紀現代への架け橋とも位置付けられよう。また、19世紀に完成した『バッハ協会版全集』（1885～99）や、ファランク夫妻によるフランス初の鍵盤作品の記念碑的シリーズ『ピアニストの宝典』（1860～74）の予約購買者リストにもその名を連ねるなど、音楽史と学問的成果にも関心が深かった。彼女の作曲スタイルは、時の先端をいく前衛風にも、また簡明な古典派風にも、聴く人の注文次第で自在に書き分けられた、とサン＝サーンスが証言している。これも、以上の背景に照らしてみれば十分信憑性を持つ。

際立つスケールと人間的奥行きを備えたこのポリーヌのような女性の正しい再評価なしには、21世紀、新しい時代への希望も開けてこないのではなかろうか。

追記：男性文化人初のフェミニスト？森鷗外の貢献について

右記、ポリーヌの生涯のあらましは『女性作曲家列伝＊』（1999年4月初刷、1999年7月2刷、2008年7月3刷、平凡社選書189）所収、〝ポリーヌ・ガル

＊『列伝』では《ドン・ジョヴァンニ》の自筆譜購入という生涯の大きな出来事には触れずに終わってしまったが、年表（1855）には明記した。そのオペラの主役の1人ツェルリーナを持ち役としたポリーヌが自ら描いた舞台姿が残されている〔B58〕。

シア＝ヴィアルド　19世紀オペラ界のスーパースター〟を、必要最低限の修正・加筆を施して、再掲したものである。

初刷から20年以上を経て、ポリーヌをめぐる情報が飛躍的に蓄積されている中、生誕200年記念出版と称しながら、この旧稿をなぜまた再掲したのか？

理由は、すでに「列伝」が品切れ・絶版で入手不可能な状態に加え、とにかくポリーヌが言い尽くせぬほど深く広く、巨きな存在であり、私個人の能力であらたな伝記をものすることなどとても及ばないと弁えて、とりあえずこれまでに私が実際に発言・実施してきた事柄をまとめておきたい、と思い至ったからだ。

しかしこの旧稿にこだわったのには、もっと重大な理由がある。それは、鷗外の『椋鳥通信』の意義を昨年２０２１年に初めて、しっかりと認識できたことであった。この『通信』が岩波文庫（２０１４～15 B74）に収められた（全3巻・上・中・下）のは、まことに貴重だ。ポリーヌ関連は、上巻6月10日に死亡記事（p.404）と、《ドン・ジョヴァンニ》の自筆譜をパリ音楽院図書館に寄贈したこと（p.411）、そして7月7日にはポリーヌの遺品の中にツルゲーネフの未完の小説があったこと、および作家がその全財産と著作権をポリーヌに遺したこと（p.443～444）を伝えている。それにしても、文庫版の編集者である池内紀が、自身の興味から関連する人物・事件を選び出し、それぞれに寸評を加えたコラム20点も、各人の思いもよらぬ別の実像を描き出して、必読の価値ありだ。

官費滞在中（１８８４～88）に懇ろな仲となったドイツ女性が、鷗外帰国後に日本まで追いかけてきた―というスキャンダル一つを以て、鷗外（1862〜1922）を家父長制に毒された女性差別主義者に違いない、と思い込んでいた私の早トチリを正してくださった富山大学名誉教授・金子幸代には、深甚の謝意を表したい。

鷗外をテーマとした金子の研究歴の中で、『森鷗外の西洋百科事典〝椋鳥通信〟研究』（2019年、有限会社鴎出版）こそ、女性問題への先駆者鷗外の実像を隈なく明るみに出した見事な書である。ここには、文芸科学全般、したがって音楽にも抜かりなく目配りしつつ、日本では全く伝えられることのなかった女性作曲家・演奏者の動向を鷗外が「ベルリナー・ターゲブラット Berliner Tageblatt」を種本に速報した厖大な内容を、金子自ら1980年代に初めて訪れたドイツ・ベルリン滞在中に確認し、整理した資料が付されているのだから！

これに便乗して、私の不明を正してくれたまた別のポイントを、記しておきたい。1910年のポリーヌ関連の情報に加え、鷗外が、ほぼ同時期に当たるイギリスの女性参政権運動〔サフラジェット suffragette〕およびエセル・スマイス（1858〜1944）の活動も、きちんと取り上げていることである。

「Suffragettes の中に Ethel Smyth がゐる。最初非常な保守主義者であったのが、女権運動に加はって、先ず March of the women を作って、Mrs.Pankhurst に名誉指揮杖を貰った。そしてとうとう獄へ下るまでになった」――これは1912年6月（p.693）の通信を原文のまま、再掲したものである。先立って、こうした女性問題の嚆矢がフランス革命当時のオランプ・ド・グージュによる女権宣言に遡ることまで明かされていることには、驚かざるを得ない。

加えて1910年の『椋鳥通信』の、ポリーヌの訃報のすぐ後、まさに同じページに、クララ・シューマンの異母妹、マリー・ヴィーク Marie Wieck（1831〜1916）の消息まで載っていた。ツヴィッカウにおけるローベルト・シューマン生誕100年祭に、78歳の老女マリーも参与していたとあるではないか！

それを完全に見過ごし、2015年、「津田ホールで聴く女性作曲家」最終回で、マリーのチェロとピアノのための《スコットランドの幻想曲》を、当時唯一入手済みだったショット版楽譜のおかげでプログラミングした際に、「おそらくこのマリーについては今回初めてこの国で紹介できたと思う」などと自慢気に書いてしまっていた。いまさら遅い！のだが、鷗外の情報収集の幅広さに改めて脱帽するとともに、私の、そして後世の無知・迂闊さを見逃してもらえるよう、願いたい。

このように、鷗外『椋鳥通信』の百科全書的問題意識の広さと、金子による後世の綿密な跡付け研究が重なり合った史料を手にすることができた奇跡的な幸運を、まことに有難く思う。一面識もない金子幸代に、近い将来、対面できる機会を待ち望む次第である。*

また、『列伝』執筆中に、岩波書店版・鷗外全集第27巻から、『椋鳥通信』の該当部分をコピーしてお送りいただいた玉川大学の平高典子には、お詫びを兼ねて心よりの謝意を表したい。1999年の拙著刊行時にこのことを記さぬまま2008年の3刷りまで来てしまったのだから。平高さん、遅ればせながら心より御礼申し上げる。

＊なんと！　金子幸代は2021年5月に亡くなられていた由……。

私も末席に連なる日本科学者会議・女性会員向け「はずきの会」ニュース最新号（2022年4月1日）に掲載された石渡真理子の報告で知り、動顛・仰天した。しかも、富山大学赴任の因が、東京での前任校における若い同僚女性教員に対する長老教授によるセクハラ・パワハラに敢然と抗議したことであったとは――本当にこれ以上、言葉が出ない。遅ればせながら、心よりご冥福をお祈りする。

さらに、『椋鳥通信』の重要さに私自身が改めて着目し、金子の著作に通じる切掛けをくださった水越美和にも感謝する。2021年、ポリーヌのオペラ歌手としての活動を主題に、驚嘆すべき緻密さで博士論文を完成された水越が、ポリーヌの日本語による先行研究として拙著『列伝』も挙げられ、その意義を『椋鳥通信』に触れてあること、と明記してくださったからだ。オペラのスーパースター・ポリーヌに向けられる関心の高さは、作曲家としてのそれを凌ぐかもしれない。水越論文が公刊される日が、切に待ち望まれる。

そしてもう1点、書き加えたい出来事がある。ポリーヌ没後100年記念コンサート（2010年5月18日・津田ホール）をきっかけにお付き合いが始まった坂口千栄が、昨2021年の生誕200年コンサートで私が言及したポリーヌの英語による作品カタログ〔B51〕（2013年・電子版）を、パソコンを駆使して整理・補充、日本語で読めるように編み直してくださったのだ。それも、ハンブルク音楽大学教授ハイトマンによるオンライン刊行済みのドイツ語カタログ〔B68〕とも細やかに照合・補充されている。ドイツ人もびっくり！の、まさにカタログ・レゾネ、すなわち収録対象の解題つき目録なのだ。フランス歌曲を専門とされる歌い手ながら実に旺盛な探求心の持ち主である坂口は、これ以外にもポリーヌに関する新情報を昨年来次々と届けてくださっている。ポリーヌの膨大な数にのぼる歌曲のタイトルを日本語に訳し、ロシア語歌曲のキリル文字によるタイトルをアルファベットに書き変え、さらには曲を捧げた相手の名前まで調べ上げ、項目を新たに設定して書き加えるなど、さまざまに工夫されたこの貴重な労作を、私も先ごろ見せていただいた。その折私が口出ししたポイントも交え補筆・修正した最終稿にこれから取り掛かられるという。大げさな機関や肩書とは無縁の、純粋な熱情と関心の深さに導かれた日本女性の手で、このように念入りな探求の成果が生まれつつあることを、ポリーヌのために心底嬉しく思う。

追記・その2

とりわけ重要な関係人物ながら、『列伝』に書き切れなかったのが、ドイツの指揮者、作曲家、チェロ奏者のユリウス・リーツ* Julius Rietz（1812〜77）である。鷗外の件と並び、どうしても「列伝」の補足として、書き加えておきたい。

夫ルイ、ツルゲーネフ、そしてサンドの三者に比しても、リーツはいわゆる confident =（心から信頼できる相談相手）として格別な、そして不思議な人物だ。このリーツに宛てて、1858年から1861年までのおよそ3年間でしかないが、ドイツをめぐる演奏旅行の合間に、もっぱら手紙を介したプラトニックな構えで、率直に心のうちを披歴したというのは、ポリーヌの生涯における唯一無二のできごとだった。ちなみに人生で最も大切なものは情熱的だが冷静な愛情、フランス語の“amitié”である。男女のカップルにとっても何より重要なのがまさにこの amitié なのだ、とポリーヌは確信していた。サンドとショパンの間にはこれが欠けていた、とはポリーヌとマリブラン

＊ユリウス・リーツ
ドイツの作曲家・指揮者。
ポリーヌにとってもうひとりの重要な相談相手だった

の専門家、パトリック・バルビエの推論であった〔B61〕。ともかく、ドイツ人としてポリーヌ研究の第一人者であるベアトリックス・ボルヒャルトを始め、リーツとの往復書簡をめぐる分析・研究はすでに数種あるが、それらを参考に、私が特に興味深く着目した点を一つだけ挙げておく。

1859年パリ初演のベルリオーズ版《オルフェオ》について、ポリーヌは当初のリハーサルのさなかにも、ズボン役にためらいを感じていた。加えて、彼岸に渡ったエウリディーチェが羊飼い娘の仲間たちと幸せに暮らしているにも拘らず、なぜオルフェオは彼女をこの世に連れ戻そうとするのか、疑問に思ったという。しかし初演が大成功に終わるとともに、両性具有的なオルフェオはまさに自分のために造られた役柄と感じるようになっていく。自らデザインした衣装も大変効果的だった、とある。さらには、ベルリオーズが、自作オペラの登場人物に仮託して、自分（＝ポリーヌ）を愛するという不幸に陥ったことも、打ち明けているのだ。

このように、リーツが第三者として信頼する男性音楽人であればこそ、過去の音楽に向ける関心と知識の広がりと相まって、ポリーヌは自らの声や性格を見極めるべく、冷静な態度をとり続けることができたのであろう。

3章　声とジェンダー——コントラルトの声とは？

2章「生涯のあらまし」からも窺われるように、ポリーヌは何より歌を最優先に音楽活動を展開したのだから、論を続けるにはまず、声をめぐる諸相を取り上げなければなるまい。以下は、すでに廃刊となった音楽専門誌『音楽芸術』最終号（1998年12月号）に掲載された拙論を中心に、ネット通信NPJの連載記事のうち、「声とジェンダー」を主題にした第13回と、これに続く第14回（2009年）も併せ、補足修正した内容である。『音楽芸術』の論文は20年以上経つが、当時、外国語の翻訳版も欲しいとの反応があったゆえ、敢えてここに再利用させていただくこととした。

そもそも「歌の歴史・声の歴史」は、従来の音楽史学や音楽美学により不当に軽視されてきたものだが、その原因はまず、歌が声という生身の肉体を楽器としている点にあろう。肉体は他の楽器と異なり、歌い手の死とともに必ず滅び去る、まことに扱いにくい代物だ。しかも歌手の肉体という場合、西洋の芸術史観にとって、それは主として女性のものを指す。同時に音楽には、もっとも強く身体に滲み入る力を有するこのツール、したがって「女性化」したこの芸術を、実際に支配しているのは男性であると強調するために、女性の参与の可能性を否定してきた歴史がある。現実の女性を排除すれば、その営みが女性的となる筈はなかろう、というのがスーザン・マクレアリの見立てである。*

＊スーザン・マクレアリ：フェミニン・エンディング〔B30 p.232〕

これも歌唱史を侮る一因と考えられよう。そこで次に、オペラにおける声とジェンダーを、歌い手の性別という観点から整理する。そのあと、「コントラルト」という中性的な声を駆使して19世紀オペラ最大のスターの1人となり、全ヨーロッパの音楽家に大きな影響を及ぼした存在でありながら、今日の音楽書からは全くその記述が完全に消えてしまっている本書の主人公ポリーヌ・ガルシア＝ヴィアルドに焦点をあて、歌唱／ジェンダー／女性を繋ぐ問題提起の試みとしたい。

オペラの声とジェンダー

15、16世紀、ルネサンス期の最も重要な世俗的声楽曲で、オペラと同じく男女の恋愛を歌いあげるマドリガーレは多声で構成され、それゆえ個人的な情念表出とは相入れないものであった。それにひきかえ、17世紀に誕生したオペラは、通奏低音に支えられた独唱であるモノディという歌唱形式を通して、音楽史上初めて個々の男女像とその情念を描き分けることを目的としたジャンルである。その表現主体はあくまでも声そのものだ。声の不可思議な魔力や呪術性、幻覚性という特質は、一に筋肉や体液などの内的感覚に浸透する淫らなまでのしなやかさに起因する。そうした声の本質は、ロラン・バルト（批評家、1915〜80）の言を借りれば、拡散、結合、通過にあり、あらゆる境界や階級や言葉、名前による区別を廃絶させてしまうのだ。*

＊フェリシア・ミラー＝フランク：機械仕掛けの歌姫〔B41 p.196〕

したがって、声のなかでも最も官能的な魅力を備えているのは、男性のハイ・テノールやカストラート、カウンターテナー、そして女性のコントラルトなど、性別の曖昧な、トランスセクシュアルなものということになる。このように、声の特質が性別をも超越した地平にあるならば、オペラにおいて、個々の役を誰が歌うのかという問題がすぐに浮上してこよう。

周知のごとく、バロック・オペラの舞台を支配していたのはカストラート、つまり去勢された男性歌手たちであった。去勢歌手を生んだ原因が、「女は教会にて黙すべし」という聖パウロの言葉にあることは夙に知られている。ちなみに、沈黙を女性の徳性と見なす風潮は、16～18世紀の演劇の役割にも影響を及ぼしていた。* そこでは台詞つきの役が女性に振られることは滅多になく、女性芸能者に認められていたのは踊り、曲芸や軽業の類、黙劇、よくて歌唱という状況だったのである。

キリスト教文化は、こうして排除された女性の高声域を確保するためにさまざまな代替物を用意してきた。ボーイ・ソプラノ、カウンターテナー、ファルセッティスト（裏声歌手）、ハイ・テノール……。その極めつけがカストラート、すなわち去勢された男性〝人造歌手 castrato〟である。マクレアリによれば、女性同様の声を出せる成人男性の社会的「必要性」は、文字通り暴力的に肉体そのものに刻みこまれたのだ。

一方で、今日お馴染みのテノール、バリトン、バスという男声の分類法は、ようやく1820年以降に定着したものだという。

＊ E.A. ニコルソン : 演劇・彼女たちのイメージ〔B38 p.459〕

フランスで最も高い男声として分類されているオート・コントルが、この頃、イタリアのハイ・テノールに取って代えられ、消滅したのもそこから説明される。だが、こうした変化を誤りなく把握するには、ベル・カントとして括られる当時の歌唱理論をもっとよく知る必要があろう。

自身カストラートであり、１７５７年来ヴィーン宮廷歌唱教師の地位にあったジャンバッティスタ・マンチーニ Giambattista Mancini（１７１４~１８００）は、カストラートが君臨した17、18世紀には、男女はともに頭声、いわゆるファルセットと胸声の２つの声区を保持し、その２つの声区を相互に浸透させ、かつ円滑に移行することに習熟するのが、発声の最も重要な目的と述べていた*。

ところが19世紀、それも後半以降には、男声は胸声域のみ、女声は頭声域のみに限定した歌い方に変わり、単独の声区を男女に振り分けるようになっていく。つまり声のジェンダー区分が生まれたのである。現代のテノールは、変声期に失われた頭声域まで胸声を無理に押し上げた声、同じくソプラノは、頭声区のみをひたすら高い声域に拡大させた人為的な声と言うべきなのだ。ただしその逆の場合もあり、20世紀初頭にルビー・ヘルダーという「ガール・テナー」が活躍していたことが、当時の録音のＣＤ化〔GEMM CD 9035〕によって証明されている。いずれにせよ、ともにベル・カント理論に背馳し、半身を削いでしまうような単独声区理論がもたらした由々しき結果が、指折りの名カウンターテナー

＊ G. マンチーニ：ベル・カントの継承〔B1 p.60〕

歌手ルネ・ジャコブによれば、本来あるべき両性具有的なコントラルトの声の理想を喪失したことである。*

カストラートにしても、実は基本的にこのコントラルトの中声域で歌い、時折ファルセットを活用して極端な高声を出していたのだ。近代の歌唱理論が、男声の頭声ファルセットを少年期の残存物であり、力の弱いつくり声、裏声であるとして「通常」の声域から除外したこと、** そして女声ソプラノが、そのファルセットを基本的な声域としていることも合わせ考えると、声とジェンダーの関わりには尽きぬ興味をそそられる。〝女子供〟という言葉使いが、声にまで絡んでいるのだから……。

こうしてみると、1970年代以降のカウンターテナー復興、つまり失われた両声区の融合を会得した男声歌手への人気の高さは、ベル・カントの理想に立ち還るという面では歓迎すべきなのであろう。しかし、現実には同じ声区と技巧を駆使する女声コントラルトが、たとえ彼らカウンターテナーと同じほど巧みに歌っても、大して騒がれないのを思えば、さほど楽天的に構えてはいられまい。

男女が同じ声区を保ち、いわば両性具有の声を響かせていたことの必然的結果であろう、バロック・オペラでは当初、男声歌手と女声歌手は役を自由に分け合っていた。その上、同じ歌手が男役を演じることもあれば、女役を担うこともあった。カストラートとてその例外ではない。さらには、高い声が必ず女性役を表すわけではなく、むしろ王や英雄といった男声の主役は常に高い声で歌われた。つまりこれは、役の性は役者の性と一致せず、

＊ René Jacobs: La controverse sur le timbre du contre-ténor〔B24 p.44〕
＊＊瀬高道助『オルフェウスの声』〔B30 p.110〕

声の性と役の性も、現代的感覚からすれば逆転していたことを示している。このように、声の変装に歌手の異装を絡み合わせた二重の倒錯が生み出す快楽こそがオペラの快楽だ、とする観方は、「女かとみれば男なり」を美の極致とする日本古来の民衆意識とも通じ合う。両性具有は芸能史を貫く重大な側面であり、芸はもと神を慰める行為であったから、巫女、芸人などが神に近づこうとすると、ジェンダーの共有、攪拌、転倒が起こり、両性具有が実現するのではないか――日本芸能史の新しい知見はこのように問いかけている。美しい若衆への執着は、西洋のオペラでも若い女性歌手の男装つまり「ズボン役」として最も注目を集める役どころであるが、これも実はカストラート衰退に伴う屈折した名残なのだ。

「ズボン役」に触れたところで、個々の役と声種の関係を見直すことにしよう。声を細かくタイプ分けして登場人物個々の性格描写を行うオペラといえば、モーツァルトが得意としたオペラ・ブッファが思い浮かぶ。片やオペラ・セリアの狙いは、普遍的かつ典型的な人物像を提示することにあったから、声種の区分は絶対の要請ではない。例えばヘンデルのどこに個別的、特殊なものを見出せようか？*

別の面からみれば、一つの役柄に限って一人の歌手を割り振るという考え方は、一人ではさまざまなタイプの性格や声色をカヴァーできないことを前提に生まれたものであろう。もしも圧倒的な声域の広さと表現力を備えた歌手がいるのなら、そもそも声種を分類することに思い至らなかったはずだ。ところが、まさにセリアからブッファへとオペラの趨勢

＊渡部恵一郎：バロック・オペラの舞台空間と演技〔B39 p.94〕

が移りゆく19世紀初頭までは、役柄の違いをものともせず、一身でさまざまな役を歌い分ける変幻自在な歌手が実在していたらしい。すなわち声の分類というアイデアは、あらゆるものに変身する能力を有したギリシャ神話のプロテウスのような名人歌手が消滅し、歌唱水準が低下したことから起きた〝モデルニテ＝近代化〟の産物なのである。*

消え去ったそれら超人的な歌手の名技のなかには、即興的に装飾を加える技術も当然含まれていた。であれば、ポルタメントで滑るように上がり下がりする装飾的な歌唱法が、バロック時代には大変重要だったにもかかわらず、近代以降は女性的過剰として斥けられたのも頷けよう。そこで、前代未聞との評判を得ていたイタリアの女性歌手ジュディッタ・パスタ Giuditta Pasta（1797〜1865）について、当時のオペラ事情に精通していたスタンダールの論評を一部引用してとりあえずこの項を結ぶことにしよう。

「パスタ夫人がフィオリトゥーラで節度とよい趣味を発揮するとロッシーニが確信し、また装飾音は歌手自身の感動と〈自発的な〉創意に委ねられたほうがずっと効果があがることを知れば、きっと装飾音についてはこの大歌手の霊感に任せるだろう—夫人がタンクレディを歌ったかと思うと3日後にはデズデーモナを歌ってみせるのは離れ業というほかない—夫人の声域は広大だ。低い方はイ音をたっぷり響かせられるし、高音は3点嬰ハ、さらに3点ニまで出せる。ソプラノばかりでなく、アルトの曲まで歌えるという世にも稀な能力がある—作曲家が夫人のために書こうというなら、主な声域をまずメゾ・ソプラノにすべきで、その後に、この実に豊かな声の両端の音域を、いわば通りが

*ロラン・マンシニ：歌唱芸術〔B18 p.55〕

かりに時たま使うのがよいだろう……〔その声は〕様々な音の領域によって〈異なる表情〉になる」＊

ポリーヌのコントラルトの声

オペラの役の性と歌手の性が必ずしも一致せず、男女がかなり自由に役を分け合っていたことは、以下のように、歴代の代表的な《オルフェオ》を歌った主役の顔触れからも確認できる。

1607年＝モンテヴェルディ＝テノール（フランチェスコ・ラージ）
1762年＝グルック（ヴィーン版）＝カストラート（ガエタノ・グァダーニ）
1764年＝グルック（パリ版）＝カウンターテナー（ジョゼフ・ルグロ）
1859年＝グルック（ベルリオーズ版）＝コントラルト（ポリーヌ・ヴィアルド）

グルックのオルフェオが、カストラートのいない今日、女性アルトの主要な持ち役となっているのは誰でも知っている。そのグルックのパリ版でカウンターテナーが使われたのは、フランスがオペラの舞台にカストラートを許容しなかったためだ。とはいえ、ヴェルサイユ郊外の〝イタリア人の家 Maison des Italiens〟の存在が教えるように、フランスとてカストラートの声の魔力に抗しがたく、オペラでは遠慮したものの、教会音楽では密かにカストラートたちを登用していた。この事実をあからさまに伝えるのが、〝イタリア

＊スタンダール：ロッシーニ伝〔B2 p.284～5〕

人の家〟である。これはすなわち、子孫を残せない引退後のイタリア人カストラートたちが寄り集えるケアハウスとして設立された施設なのである。*

さて、パリ版から約1世紀後になされたベルリオーズの編曲版で、カウンターテナーではなく女性コントラルトが歌ったのは、すでに述べたように、その頃フランスのカウンターテナーの凋落が始まっていたからであろう。ちなみにモンテヴェルディの初演では、エウリディーチェを始めとする女性役は全てカストラートが担った。教会の禁制や社会のさまざまな制約を越え、女性のヴィルトゥオーゾ歌手（超絶技巧を揮う演奏家）たちがすでに多数輩出していた17世紀当時、彼女たちを使う可能性は十分あったからには、この配役はどうにも奇異に思えてならない。

それはさておき、愛するエウリディーチェを失った悲しみのあまり狂気に襲われるオルフェオは、ラメントや狂乱の場といったオペラの呼び物のシーンがもっぱら女性役に委ねられるようになるその後のオペラ史を思い返せば、かなり異例の役回りであった。その歌声で草木や鳥獣をも支配する半神半人という設定からしてすでに、近代の「超男性」でなく前近代的な「反男性」たるオルフェオ像を強調している。加えて、「凝視＝視線」が男性的特権の行使であるというジェンダー的理解にたてば、禁制を破り、エウリディーチェを見つめたことで彼女を永久に失うというその逆説的な運命が、いっそう際立つのである。

さて、そのオルフェオを女性が演じるという端緒を拓いたのが、前出リストの最後にあるポリーヌだった。彼女こそは、音楽家としてまた知識人として19世紀最高の才人の1人

* Patrick Barbier: *La maison des Italiens—les Castrats ā Versailles*［B45］

▲最高位の礼装をまとったファリネッリ（1705-82）：Patrick Barbier の著書“*Farinelli*”（Grasset, 1994）の表紙

に数えられるサン＝サーンスをして、「自分がかつて出会ったもっとも驚嘆すべき人物」と言わしめた女性である。その生涯のあらましについては、先立つ2章ですでに概略した。ここで改めて歌手としての足取りをまとめると、最初の大きな当たり役は１８４９年、マイアベーアの《預言者》のフィデス。ついでグノーの《サッフォ》の題名役、そして１８５９年から3年の間におよそ１５０回の上演を重ねた、問題のオルフェオ、と続く。すでにオペラ舞台から引退していたため、初演のデリラ役をポリーヌに委ねられなかったサン＝サーンスは、そのオペラ《サムソンとデリラ》そのものを彼女に捧げるとともに、ピアニストとしても卓越したポリーヌが、歌唱に即したテンポ・ルバート奏法の奥義をショパンに伝授したとも明かしている。ショパンのマズルカを歌曲に編曲したポリーヌの試みの背景として、これまたじつに興味深い事実だ。再びサン＝サーンスを引けば、「作曲の秘訣を知り尽くしていた」ポリーヌは、歌曲を筆頭にオペラ、歌曲、ヴァイオリン曲など多くの作品を残していたのだが、自作の公刊には消極的だったのでは、と推測している。

ちなみに演奏家を兼ねた女性作曲者の厖大な系譜は、市民社会が隆盛した19世紀以降、埋もれたままになってきたが、21世紀を四半世紀近く経過した今、著作権切れとＩＴの信じられないほどの進展により、多くの楽譜や音源が容易に入手できるグローバルな事態が拡がっている。＊

本章の主題であるコントラルトの声を、ポリーヌも縦横に駆使して歌った。胸声のへ音から頭声の3点ハ音以上に及んだというその声域は、まさにテノールとソプラノの双方を

＊“Me Too”の波にも乗って、欧米での女性作曲家のＣＤリリースはまさにトレンドと言えるほどの盛況ぶりだ。例えば巻末ディスコグラフィーの〔D 15〕。ただし、この CD はピアノ曲のみが対象なので、歌と室内オペラが主体のポリーヌは対象外となっている。ジェンダー指数で世界から周回遅れの日本では、相変わらず女性作曲家はなかったこととされているが……。

カヴァーするものだ。デビュ当時の彼女を聴いた詩人ゴチエは、そこに理想的な声の楽器を見いだし、「細すぎず、かといってハスキーでもなく、金属的にも響かず、とりわけ中声域が胸にしみ入る甘やかさ」と讃えている。そもそもこの詩人は音楽や楽器から最良の詩想を得ていたふしがあるが、１８５２年刊の『七宝螺鈿詩集』には、ずばり「コントラルト」と題された一編がある。

ただ、それは気まぐれに姿を変え
形象から音声へと移りゆき、
その変身のさなかに
若き女と若き男を見出すのだ。

何と快い、おお、不思議の音色よ！
男にしてまた女の、二重の響き、
コントラルト、珍しき混合、
両性具有の声よ！＊

全20節から途中の2節を引いただけだが、19世紀の耳にとって、コントラルトという声がいかに魅惑的であったかが十分に窺われよう。この詩が、現実にポリーヌに触発されて生まれたとする確証はないが、近年の最も重要なポリーヌ研究者とされるベアトリクス・

＊この詩についての詳しい解説は〔B4 p.197〕以下参照。

ボルヒャルトは、ほぼ断定的に両者を関連付けている。

しかし、ポリーヌをモデルにしたことで有名となった文学作品が実際にある。ジョルジュ・サンドの代表的長編『コンスエロ』である。*

主題は、18世紀ヴェネツィアの捨て子養育院メンディカンティで歌を学んだ純粋で実直なスペインの少女コンスエロと、狂気に接する聖性の持ち主で、コンスエロの声に魂の救いを見るボヘミアの貴族アルベールとの恋。アルベールとの結婚の承諾を師ポルポラから得るべく、旅に出たコンスエロが道中男装し、声をコントラルトに保ち続けるのも、声変わりを免れた少年であると自ら思いなすための考案と解釈される。著者が男性の筆名を使い、男装を好んだこととの意味も、こうした作品を知れば納得がいこう。「魂から魂に届く」コントラルトの深い声、スペインという出自、そして決して美しくはない容貌——コンスエロとポリーヌを真っ直ぐにつなぐ線がここにある。「コンスエロ」という命名の意図も奥深い。フランス語では男性形としか感じられない名前をヒロインに与えることで、両性具有の理想をはっきりと謳ったばかりでない。コンスエロが「コンソレーション＝慰め」と同根の言葉であり、それこそが声本来の目的であり機能であると考えるサンドの思想が、ポリーヌという女性の存在を通して、作品全体に結晶しているからである。

「あなたは音楽における理想的なものを体現する女司祭です……」これは２００年記念コンサートのプログラム表紙にも掲げたサンドの言葉だが、１８４２年6月、「コンスエロ」執筆開始に際して、ポリーヌに捧げられたメッセージだった。ここには女性の声をエ

* 1843年に完結した原作“Consuelo”は、2010年に『歌姫コンシュエロ』とのタイトルで本邦初訳上下2巻が藤原書店から刊行された。だがフランス語の発音は「コンスエロ」のはず、と考える私は、一貫してそのように表記してきたことをお断りする。

ロスと結び付ける伝統から離反し、それを人倫にかなう芸術的次元に再配置しようとするフェミニストの声が高らかにこだましている——私はこのように読み解きたい。

女の声？男の声？／男役と女役

ポリーヌとレパートリーが重なり、90歳近くの長寿を全うした点でも似通っているアルト歌手の柳兼子（1892〜1984）。晩年は国立《くにたち》音大でも教えられたので、私のはるか先輩かつ同僚という意味でも関心を寄せずにはいられなかった女性の一人だ。その兼子が、民藝の創始者と言われる夫柳宗悦の事業を財政面で何より貢献したという実像も伝えてくれる、貴重なドキュメント・フィルム『兼子』（澁谷昶子監督2004年）*の中で、何故歌手の道を選んだのか、と問われて答えた言葉が、実に面白かった。

「絵画でも料理でも、一流になっているのは、皆男性だが、歌なら、女と男がはっきり分かれていて、女でも活躍できる、と考えたから」

——絵画や料理の男性は「一流」というよりも「プロ＝有償化」というだけのことです！　と偉大な先輩同僚に抗議したい気持ちはこの際抑えるとして、私が引っかかったのは、声というものは男と女にはっきり分かれている、という観方——先走りして大雑把な結論を言ってしまおう。しつこく述べてきたとおり、声こそは両性具有的な特性の最たるものであり、男声は低く強い、女声は高く細い、という「常識」は、音楽の歴史から見て

DVD『兼子』表紙より▶

＊後出コラム（p108-110）「意外な接点ポリーヌと柳兼子」も参照されたい。

全く正しくない。それどころか、さまざまな声を男と女が共有し、分け合ってきた、だから歌い手の性別もはっきり分かれてはいなかった、ということである。

「声」の発信源が生身の人間であるからこそ、ジェンダーと不可分であるのは、考えれば当然すぎる話なのだが、なにしろ音楽学研究の本流は楽譜を見ての作品分析とそれを生み出した作曲家研究にあり、とするこの国では、とりわけ音楽を実際の音や声に再現させる演奏家・演奏史への取り組みは全くなおざりだ。だからこそ、「声」の問題を安直な常識で片付けたがるのではないか。

とはいえ、私自身にも、ずいぶん前から拘っていながら新しい知見や研究成果を知らぬまま、通り一遍の常識的物言いをあちこちでしてきた後ろめたさがある。例えば兼子の代名詞「アルト」とは？

ソプラノ、アルト、テノール、バス——おなじみの混声4部の呼び方は中世キリスト教会の聖歌隊で始まった。パオロの言を受けて578年のベネディクトゥス法王令発布により、女性は教会内では声を発してはならぬと決められたため、聖歌隊も男性だけで固められ、テノールとバスばかりではなく、ソプラノもアルトも、男性歌手が担っていたのだ。soprano, altoという言葉が男性語尾であることがそれを端的に示している。もし女性が担ったのなら、当然soprana＝ソプラナ、alta＝アルタ、と女性語尾になっていたはずだ。つまり、ソプラノもアルトも、もともと女には何の関係もなく、女性本来の声を表す言葉はいまだ存在しない——ソフィ・ドリンカー〔B11〕が第2次世界大戦直後という早い時期に発した卓見である。

バロック時代のオペラでは去勢した男性歌手、いわゆるカストラートが女性の声域を受け持ち、彼らが隆盛・跋扈した理由もここに繋がっていく。聖歌隊や合唱団では、声種といっても役割や演技はなく、抽象的な存在で収まるが、声と生身の肉体を持った歌手とその役割・演技が欠かせないオペラのような舞台芸能は、実にジェンダー問題の集積場だったと言えるのである。

バロック・オペラにとりわけ顕著な声とジェンダーの複雑な絡み合いは、なによりも高く澄んだ声に美を見出す価値観に起因する。「女のように綺麗な声」と男性の声を褒めることはよくあるが、「男のように綺麗な声」という言い方は、男女どちらに対しても聞いたことがない。「男のような」と言えば低く太い声のこと、これはオペラでは滑稽な役回りか、神託のような超越的で特殊な存在にあてがわれていた。高くて綺麗な声と言えば、「天使の歌声」の謳い文句で大人気のヴィーン少年合唱団に代表されるボーイ・ソプラノがまず思い浮かぶ。そう、声変わりする前の男の子の声だ。だがしかし、子供の声なら男女同質、どちらも「高くて綺麗な」はずである。ガール・ソプラノ、いやガール・ソプラナでは駄目なのだろうか？

オペラに話を戻そう。現代の歌劇場で自明とされる「ヒーロー＝男性＝テノール」「ヒロイン＝女性＝ソプラノ」という図式、つまり主役男性の声が主役女性の声より1オクターヴほど低いという枠組みは、ナポレオンのイタリア遠征やリアリズムの勃興と関連するカストラートの衰退に伴って１８３０年代以降に固まったに過ぎない。それ以前、主役として求められた高い声は男女役とも既述のように、カストラートに委ねられていた。ただし、ヴァチカンの監視の目が届かないミラノやヴェネツィアにおいては、しばしば女性が登用されたという。つまり、主役スター歌手は、男性が男性を演じることもあれば女性を演じることもあり、逆に女性が男性を演じることもあれば、女性を演じることもあった。オペラで性とジェンダーがことほど左様に容易に入れ替わったのは、高い声が、ありきたりの「女性らしさ」とは逆に、地位の高さや精神的・肉体的強さ、さらには若さと性的魅力を表すコードだったために、主役の英雄には女性と同じ、あるいはそれより高い声が要求されたからである。

以上はオペラ発祥の国イタリア中心の話であるが、国や都市によって女性への対処が異なるため、声とジェンダーをめぐる実態は、それぞれの地域によってさまざまだった。ドイツでは18世紀初頭まで、台詞劇でもオペラでも、舞台にはほとんど男性しか上れなかったし、カストラートを容認しない宗教や教育がらみの上演では、女性役は男性のファルセット（裏声）か少年で代用した。イギリスのシェークスピア劇でも女性はご法度だったから、少年あるいは成人男性が女性役を演じたのは周知の通り。フランスでも、オペラを上回る威光に支えられた宮廷バレエの踊り手は、17世紀後半まで男性ばかりだったらしい。

日本でも大人気のケルビーノ（モーツァルト《フィガロの結婚》の小姓役）やオクタヴィアン（リヒャルト・シュトラウス《バラの騎士》主役の青年貴族）など、若い男性役を女性歌手が演じるところのいわゆる「ズボン役」が生まれた複合的要因の一つに、イギリス王政復古期において、本来男性のために書かれた男性役を、目の楽しみのために女性に演じさせたことがある。この、「目の楽しみ」ゆえに敢えて女性に男性役を担わせ、「綺麗で高い」女性の声のみだけでなく、その舞台姿を介して女性の身体をも垣間見たい、という屈折した欲望——もちろんそれが満たすのは男性の目だ——は、実はここに限らずイタリア・バロック期の英雄役からロマン派のロメオのような恋人役にいたるまで、さまざまに態を変えてオペラ舞台を牽引することになったという。カストラート「造成」によって、17、18世紀のオペラでは女性が主役からはほとんど排除されていた、と思い込んでいた自分の浅はかさを恥じ、これまで誤った物言いを繰り返してきたことを、この際お詫びしたい。いずれにしてもこの事態を生んだ裏には——生殖機能の有無を別にすれば——身体的にはあくまで男性であるカストラートが衰退した歴史と、巨額の出費となる花形カストラートより女性歌手ならはるかに安価で確保できるといった経済面の影響もあったようだ。

このように女性が主役男性を演じるとなれば、カストラート消滅以降はとりわけ、女性役は女性が担うことが当たり前になったので、舞台上の主役カップルの声はともに女性の声ということになった。オペラではクライマクスに主役2人の二重唱を置くのが定石だから、そこでの声はともにまさしく「高くて綺麗な」女性の声、等質の柔らかいその声が二重に溶け合って、えも言われぬ官能的な響きを醸し出す結果になる。これに較べれば、今、普通に聴かれるソプラノとテノールという男女2人の二重唱の、なんと粗野で味気ないことか！　これに反して若い女性2人の身体が艶かしく絡み合い、かつそこで歌い上げられる陶酔の二重唱は、視覚も聴覚も、2つながら男性観客の欲望を満たしてくれる、これこそオペラの醍醐味だったことは十分に納得がいこう。

男性が女性を演じ、女性が男性を演じる、そしてその男性あるいは女性が演じる英雄、王、騎士といった主役人物はテノールやバリトンではなくソプラノやアルトの声で歌われる――歌手の性と役の性と声の性がかくまで食い違い、背馳する。そればかりでない、さらにそこには劇中劇としての変装、異装が入り込むのだから、まさにオペラとは意想外の不可思議〔merveille〕や驚異に満ちた異界だったと言えよう。だがその大元が、舞台からの女性排除に伴って喪われる高い声、つまりは女性に特有とされる高く綺麗な声をいかに確保するか、あるいはその代替物をいかに作り出すか、当事者が智恵を振り絞ったことにあるのを忘れてはいけない。19世紀前半にとりわけもてはやされた男装した女性歌手にしても、それが消滅途上のカストラートの補充という意味合いと、女性の身体に男性のジェンダーを纏わせて倒錯したエロティシズムを視覚的にも満たすという機能をも担わされていたのだから。

とはいえ、いつでも、どこでも、あくまでもオペラの眼目は声そのもの。その滑るような声の魔力――鍵盤のキーや弦楽器のフレットのような仕切りもない声は、その意味でも道具（instrument）である楽器とは根本的に異なる次元で捉えられてきた。19世紀後半からの近代的音楽観は、器楽（＝交響曲等）を歌唱より上位に置いているが、それは身体を発音源とする声すなわち歌唱が、女性という劣位のジェンダーと抜きがたく結びついているためでもあろう。だがオペラが追い求めた声の実相は、安直に世の中で言われているような「女性」的なものではない。その不可視性や呪術性から明らかなように、むしろ決定的に「両性具有的」であり、声域としてはアルトに準じる。極端に高くもないし低くもない、中音域からわずかばかり高い声であれば、長丁場のオペラでも耳を疲れさせないし、甘美な美しさが損なわれる心配もない。〝ヴォーチェ・ビアンカ〟（白い声）と表されたカストラートにしても、大方はそのアルトの声域をカヴァーしつつ、決めの聴かせどころで超高声を自在に操ったと言われる。歴代オペラ最大のヒーローたるオルフェオを歌った顔ぶれが、カウンターテナーからカストラート、そしてコントラルトと、さまざまなジェンダーによって担われていたことを、改めて思い起こす必要があろう。

表立ってはカストラートを排した例外的な国フランスでは、とりわけ主役女性役にソプラノでなくアルトやメゾ・ソプラノの声を与える伝統が長く続いた。『カルメン』然り、『サムソンとデリラ』然り。後者を献呈されたポリーヌが先鞭をつけたグルックのオルフェオは、今も女性アルトの必須のレパートリーとされ、およそ歌に関心ある人なら知らぬはずがない役柄だ。しかし、なぜ女性が男性役を？　という根本的な疑問に立ち返ってこれを考えた人が果たしてどれほどいるだろうか？

実在したさまざまな声＝歌い手のリスト

ここでは授業や講演で使用したさまざまな声の音源を、聴き手の感想も交え紹介していく。だが肝心の声そのものが再現できないのだから、隔靴掻痒の感を増すばかりであろうが、ご了解いただきたい。

以下1～12は、男性の高声から中声域、つまりアルト系へ、次いで両性に共通する女性アルトから女性としては例外的・特殊な声へ、という順番によっている。言うまでもなく、、これら現代の定番からは逸脱したように見える声で活躍した歌手たちの録音源は、録音というテクノロジーがようやく軌道に乗り始めた頃のものだ。それがCDとして復元されたことだけでもお宝ものの貴重さだが、ウィキペディアやYoutubeなど想像もできなかった一昔前には、歌い手についての情報はいたってお粗末で、無に等しい状況だった。こんな声を出せるって、一体どんなひと？　という野次馬根性をほとんど満たしてくれなかったので、ご覧の通りの最低限のメモ書きしかできなかった次第である。

♪印は当該音源から最もインパクトあるものとして視聴に選んだ曲名である。

◉1 カストラート：アレッサンドロ・モレスキ Alessandro Moreschi（1858～1922）

♪グノー《アヴェ・マリア》（1856年。バッハ『平均律クラヴィア曲集』第1番前奏曲を伴奏に活用した編曲）。

真正・本物のカストラートの声を記録した唯一無比のドキュメント。最後のカストラートとされるモレスキはヴァチカン聖歌隊長でもあった。ニ点ロ音まで上り詰めるその声質は、まさに男性でも女性でもなく、衝撃的だ。私も初めて耳にした時はなにやら聴くのも辛く、最後まで聞き通せなかった。だがその19世紀風の情感込めた歌唱法は心からの感動を誘う。「素人くさい」「カラオケのおばさん風」とコメントした聴き手が多かったのは、

アレッサンドロ・モレスキ▶

近代クラシックの杓子定規な歌いぶりしか聴いていないためであろう。
［"Alessandro Moreschi: The Last Castrato" Pearl Opal CD9823. 1902年録音］

⊙2 現代テクノロジーによる擬似カストラート：
♪ヘンデル：オペラ《リナルド》（1711年）より「涙流るるままに」
"史上最強"のカストラートことファリネッリ（1705～82年）の生涯を虚実ない交ぜに描いた映画のサウンド・トラック版。主役ファリネッリの声は最新テクノロジーを駆使して、カウンターテナーのデレク・リー＝ラーギンとソプラノのエヴァ・ゴドゥレウスカという、男女両性の声を合成して造り上げたとのこと。最高ニ点ロ音まで上り詰めたところで陶酔した観客が失神したり、歌い終わったファリネッリに「神よ！」の大歓声を浴びせたり、カストラート人気の絶大さを物語るシーンも巧みに織り込まれている。フランス映画『カストラート［ファリネッリ］』（監督ジェラール・コルビオ）
1994年。DVD,COBM-5001］

⊙3 ソプラニスト：フランク・コールマン Frank Colman（生没年不詳）
♪作曲者不詳《幼子が人々を導けり》
イギリスの聖歌隊で活躍したソプラニストとは、男性ファルセットでも最も高い声を出す歌手のこと。それにしても2点変ロ音まで上り詰めるコールマンの声は、予め知らされなければ誰しも女声と信じるに違い

◀フランス映画『カストラート』パンフレットの表紙

ない。去勢手術をしない男性でも訓練次第でこのような声を出せるとは！「歴史上のカウンターテナーたち」のタイトル通り、ほかになお7人の男性ファルセットを録音したこのCDは、歌唱史研究にとって必須の資料である。

［“Chime Again,Beautiful Bells-The historic Countertenor” Opal CD 9848. １９３２録音］

⦿４ ボーイ・ソプラノ：アレド・ジョーンズ Aled Jones（１９７２年生まれ）

♪ヘンデル：オラトリオ《メサイア》（１７４１）より第１部のアリア「主の下に来よ」

12歳の少年が成人女性のレパートリーを容易にこなしているのは驚きだが、最高音の2点トはごく普通のソプラノの声域。12歳少女、つまり前記した〝ガール・ソプラナ〟であれば同じほどの歌いぶりが期待できるはずだろう。だがこのボーイ・ソプラノ版はいつも大受けだ。「天使の歌声」すなわち少年との思い込みがよほど強いのか。歌舞伎の女形を「女より女らしい」と評価する倒錯した美意識とも通底するのでは？

［アレド・ジョーンズ・クリスマスの星。VDC 1229. 録音１９８４］。

⦿５A ソプラニスト：パトリック・ユッソン Patrick Husson（１９６０年生まれ）［＋コルマール少年聖歌隊：Patrick Husson. Sopraniste.K6617 K.617047. １９９１録音］

⦿５B ソプラノ：デボラ・ロバーツ Deborah Roberts（生年不詳）

［＋タリス・スコラーズ：ローマのサンタ・マリア・マッジョーレ教会におけるライヴ映像・The Tallis Scholars, Live in Rome. Gimel,GIMLD 994 １９９４録画］

♪グレゴリオ・アレグリ（1582〜1652）《ミゼレレ》
ヴァチカンの門外不出の名曲として音楽史に伝えられた合唱作品の聴き比べ。5Aの「ソプラニスト」とは男性ソプラノの意。当時の教会声楽の極限とされた3点ハの最高音はAB独唱担当者はどちらも見事にクリア、その美しさは甲乙つけ難い。Bは教会建築の豪華絢爛な美を堪能できるまたとない映像資料。歴史的正当性からは逸脱するが、男女混声を採用している点も、このBの方が私には好ましい。
一方Aのユッソンは、普段は庭師を生業としている由。演奏の本番以外にも、随時さまざまな仕事をこなす伝統的な職人のあり方を今なお引き継いでいるようで、興味深い。

⦿6 カウンターテナー：ドミニク・ヴィス Dominique Visse（1955年生まれ）
♪ジャック・オッフェンバック（1819〜1891）：オペラ《ラ・ペリコール》（1864）より「ほろ酔い歌」
男女役、悲喜劇、いずれも演じ歌い分けられるヴィスは、皮ジャンにバイク愛用、普段からクラシックは聴かずロック・ファンを自認する異色の歌手である。ここでは最高2点変ト音をソプラノで張り上げるや一転して最低1点ハ音を野太いバリトンに変え、まさに両性具有の変幻ぶりでヒロインの酔態を聞かせている。ちなみに、このヴィスが1990年NHKのフランス語講座にゲスト出演したヴィデオを見せたところ、話し声はごく普通の男だったことに、学生たちはびっくりしていた。
［KING RECORDS KICC 135 1994録音］

付記：モンテヴェルディ《ポッペアの戴冠》出演のため来日（1998年）し、三つの役を歌い分けて喝采を浴びたヴィスのインタヴューを偶然テレビで見た。人間は本来男らしさと女らしさを併せ持つもっと豊かな存在だったはずという信念のもと、両性を演じ分けるオペラの歌唱について雄弁に語り、学者何10人分にも匹敵すると評判の博識ぶりを実証した。19世紀の音叉の発明がピッチや声種、役柄の固定に拍車をかけたという事実にも初めて気づかされた。ありがとう、ドミニク・ヴィス！

⦿7 ラテン系ポップス歌手：トリオ・ロス・パンチョス

♪《ラ・マラゲーニャ》（民間に歌い継がれた旋律に基づきラミレスが編曲、1938？）

日本で人気の高かったメキシコのトリオ・ロス・パンチョスのために、ヴァイオリンも巧みなラミレスが協働。1点嬰ト音から1点ロ音をファルセットで長く引き伸ばし、あとの男性2人も同じくファルセットで唱和するのが一番の聴かせどころ。教会音楽を除き、基本的に男性ファルセットを排除している近代クラシック歌唱との鮮やかな対比をなす。

[Wonderful Melodies Trio los Panchos Epic Sony ESCA 5064 1960年代録音？]

⦿8 日本のロッカー：忌野清志郎（1951～2009）

♪《キミかわいいね》（作曲者名の肝沢幅一は忌野のペンネーム）

その早すぎる死が大きな反響を呼んだ忌野のパンクな一面を聞かせる歌唱。高声ファルセットと凄みの効いた地声を瞬時に使い分け、可愛いだけで実のない女、ひいては世間一般への鋭い批判精神を覗かせる。ロックにまるで疎い私もとことん楽しめた。
［ＲＣサクセション Hard Folk Succession TOCT-10746. １９７２録音］

⦿9 女性テナー：ルビー・ヘルダー Ruby Helder（1890〜1938）

♪フリードリッヒ・フロトウ（１８１２‐１８８３）：オペラ《マルタ》（１８４７）よりアリア「かくも穢れなく M'appari」

これこそは私にとってなにものにも代えがたい大切な声のドキュメント。最低嬰ト音から最高1点イ音まで全域を胸声で歌い切る女性が実在したなんて——表現力も一流のテナーに比して全く遜色ない。ＣＤジャケットには生涯は全く不明としながらも、伝説的名歌手カルーソーのお墨付きでメトロポリタン・オペラにも登場した、とある。生来の太い男性の声帯でも練習を積めば短く細めて高い声を出せることはいくえにも証明済みだ。それに反して低い声は細い声帯を拡げて伸ばさなければならず、女性にとってはいっそう過酷で至難のはず。だが訓練次第でジェンダーの境界は越え得るものだ、とこの1枚から心底納得させられた。「いやあ、すごいものを聴かせていただきました。考える材料にしたいです」という音大女子学生の感想文は、今でも大事に取ってある。＊蛇足だが、本来ドイツ語のオペラ《マルタ》のなかでこのアリアのみ「M'appari…」とイタリア語で親しまれているのも面白い。
［"The Girl Tenor" Pearl GEMM CD9035. １９１２年録音］

＊梨の木ピース・アカデミー第６期『ミホと小林緑と学ぶジェンダー問題』③（2022/ 4/14）のオンライン講座にて、「声のジェンダー」と題してこの CD も取り上げた。

実は、梨の木ピース・アカデミーのスタッフの方が、素早くWikipediaから〝ルビー・ヘルダー〟で検索してくださり、新たに以下のような伝記面がわかった。１８９０年イギリス・ブリストルに生まれ、酪農家から地主となった父の客をもてなすために歌い始め、ミュージック・ホールのスターの家政婦だった叔母の手引きで音楽の正規教育を受けるようになる。早くから低く力強いコントラルト?の声で評判となり、１９０８年にはフランスのパテ社で録音、09年イギリス・クイーンズホールにてオペラデビュ、13年までに国際的な名声を博してアメリカにわたり、カナダを含めツァーを繰り広げた。20年にアメリカ人建築家と結婚、夫妻でイタリアまでもツァーを行ったが、この頃すでにヘルダーの人気は落ち目で、録音歴もない。27年アメリカに帰国、数年間音楽の教師として活動したが、35年には歌手を引退、３年後の38年11月21日、48歳で死去。死因は長年戦ったアルコール中毒か？とされるのも、痛ましい。２００１年にはブリストルの生家近くに記念碑が建てられたという。

⦿10Ａ コントラルト：ナタリー・シュトゥッツマン Nathalie Stutzmann（１９６５年生まれ）

[Stutzmann/Mendelssohn IILieder. ERATO 2292–45583–2. １９９１年録音]

⦿10Ｂ カウンターテナー：米良美一（１９７１年生まれ）[〝ロマンス 米良美一〟 KING KICC 230. １９９７年録音]

♪メンデルスゾーン《歌の翼に》（１８３０）

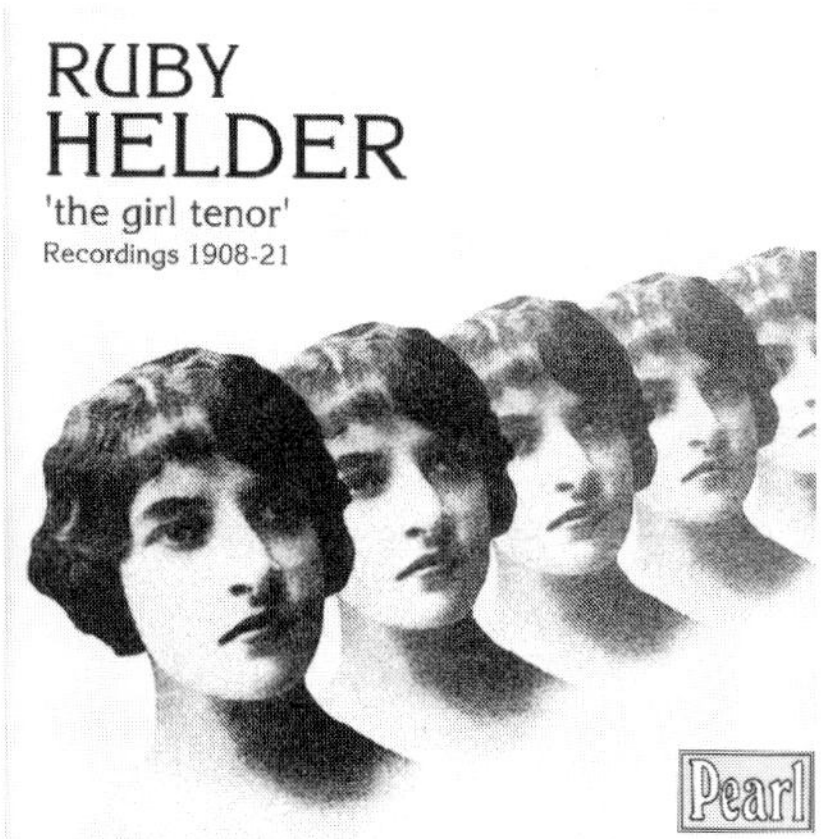

◀ルビー・ヘルダーのＣＤ表紙

5A＋5B《ミゼレレ》の例に倣って同じ歌を男女の声で聴き比べ。女性としては最も低い声の持ち主とされるフランスのコントラルトと日本の人気カウンターテナーを取り上げたところ、多くの聴き手が米良のほうが綺麗、と感じたようだ。シュトゥッツマンの声質は、断らなければカウンターテナーとは全く区別できない。この例からも声のアンビヴァレントな特徴がよくわかる。

◉11 メゾ・ソプラノ：チェチリア・バルトリ Cecilia Bartoli（1966年生まれ）

♪ポリーヌ・ヴィアルド《アイ・リュリ》（1880）

［イタリア、ヴィツェンツァのテアトロ・オリンピコにおけるライヴ映像。DECCA UCBD-1020 1998年録画］

バロック以来の名歌手の力量を想像させる超絶技巧もさることながら、歌詞に応じた顔の表情、とりわけ目の演技に圧倒される。歌手の一家に生まれ育ったバルトリは、本書の主人公ポリーヌ・ヴィアルドの再来とか？の噂もある。演奏会場の世界遺産でもあるテアトロ・オリンピコは1584年の完成当時は武器庫を兼ねていたという。戦争と音楽の結びつきを考える何よりの素材というのに加え、騙し絵を巧みにはめ込んだ背景ともども、見どころ・聴きどころ満載の映像である。

付記・このDVDでバルトリが歌っているもう一つのポリーヌの歌曲《ハバネラ》を、世界的にブレーク中のカウンターテナー、ジャルスキー

◀チュチリア・バルトリのDVD表紙

が歌っている動画もYou Tubeで放映中（2022年4月現在）。両者の観比べ＋聴き比べは実に刺激的で、声の美を堪能できる！

⦿12 **コロラトゥーラ・ソプラノ：アラ・ソレンコワ Alla Solenkova**（生年不詳）

♪アレクサンドル・アリアビエフ Alexander Alyabyev（1787-1851）《うぐいす》

驚愕の高声！　なんと3点ト音まで上り詰めるのみならず、その近辺の高音域で細やかな装飾までもちりばめるのだから、まさに鶯のよう、とても人間業とは思えない。11番のポリーヌが創唱してヨーロッパに広めたこの超絶技巧のロシア語歌曲は、グルベロヴァのような有名歌手も録音しているが、今はほとんど無名に貶められているソレンコワのこの歌いぶりに比べるとはるかに及ばない。そしてこればかりはどれほど男性が頑張ったとて女性に成り代わることは不可能な境地ではないか。逆に女性がどこまで低いバスを出せるか、好奇心をそそられるけれども、しかしそれが「美しい声」といい得るものか、はなはだ疑問ではある。

［Solenkova Recital　新世界レコード社、SRCD-0007. 1957録音？・］

以上、「声」の常識がいかに危ういものか、寄せ集めのCD・DVDリストをネタに、独断で固めた想いを書かせていただいた。これら途轍もない力

◀マラ・ソレンコワのCD表紙

量の歌手の代表格であるカストラートの消滅が、音楽の「近代＝Modernité」を画す分岐点と重なるのも、得心が行く。余談ながら、往時は男性にとって致命的なデメリットだった「声変わり」をも、いわゆる「男らしい」声を育成する利点に換えたのが近代だ、とも言えよう。1998年6月に放映されたNHKスペシャル『男と女の境界線』の冒頭近く、声変わりの現実に耐え切れず、高声だけで話す訓練を長年自らに課し、ついに女性そのもののような声を獲得した介護職の男性の回顧談は、その意味でも極めて感慨深かった。

なお少し付け加えたい。7と8のポピュラー音楽、そして日本の長唄などでは男の裏声・ファルセット歌唱は予想以上に広く活用されている。またモンゴルや近接民族に伝承されている〝ホーミー〟、つまり咽喉の使い分けで2つの声を1人で同時に出す技法にも驚かされるが、男性の特技と伝えられているこの複声歌唱を、数年前に来日したモンゴルの女性ホーミー・グループが実演するのを聴き、通説のあやふやさに改めて想い至ったものだ。さらにはカンテ・フラメンコの、男女に共通するしわがれ声、イランのアーヴァース、すなわち自由リズムに載せて裏声と地声をすばやく往復する細やかな装飾的歌唱など、西洋近代の外側には、まことに刺激的で多彩な音声の世界が拡がっている。

▲サンドの別邸ノアンに集った人々、サンドの息子モーリス画〔B46〕
吹き出しの文字が判読できず、人物特定ができないのが残念！

4章　歌唱教師、歌唱教材編者としてのポリーヌ

1863年、オペラの舞台を早々と去ったポリーヌは、その後半生を作曲と歌唱指導に注力した。とりわけ、自らの歌手としての経験を生かして、教え子たちに〝歌とは？〟を伝えたい想いは格別のものがあったようで、膨大な歌曲創作も、実は教え子ひとりひとりの教育に即効性を持たせる教材として書き残したものらしい。

しかもその基点は、永く引き継がれてきたさまざまな国、さまざま言葉による歌唱の意味や美点、つまりは音楽の良き伝統をしっかり把握し、それを絶やさず後代に遺す、これこそが音楽家の使命とするポリーヌの思想にあった。親友ジョルジュ・サンドがポリーヌの果たすべき責務とした女司祭の役割でもある。《ドン・ジョヴァンニ》自筆譜購入（1855）、そしてバッハ全集（1851〜99年）とファランク夫妻による『ピアニストの法典』（1860〜74年）など音楽史研究に欠かせない連続刊行物への予約購読者に連なっていることも、いかにポリーヌが過去の音楽に敬意を払い続けてきたかを、如実に示していよう。ロンドンでのツァーの途次、宝石類を売り払って購入した《ドン・ジョヴァンニ》の自筆譜を1892年にパリ国立音楽院に寄贈したのも、私蔵していれば後世によって無碍に消費される怖れありと判断し、「売却や貸し出しは一切ならぬ」との条件付きで実施したという。自らツェルリーナを持ち役として活躍、父マヌエルが主役を創唱した例の《ドン・ジョヴァンニ》は、まさにガルシア一族の家宝にもあたる作品。台本作者ダ・ポンテともアメリカで交流したとあれば、ただ学問的興味に魅かれてというのではなく、大切な一族の出自と文化の歴史の交差点に位置する作品であることの意義を、本能的に感じ取っていたからではないか。

本題に戻り、歌唱集編纂に関わるポリーヌの残した実績を３つ、簡略にまとめてみよう。

Ⅰ 古典時代の歌曲集 Ecole Classique de Chant (1861, Edition Gérard, Paris)

「イタリア、ドイツ、フランスの傑出した巨匠たちの作品を、演唱するための伝統に即した的確な様式感、アクセント、フレージング、強弱を添えて、ポリーヌ・ヴィアルド＝ガルシア夫人が選び出した50の歌曲集。６分冊の全集として出版」

この正式タイトル50曲に対して、１８９１年にアメル社から出た再版は、総計75曲を含む。それら全曲のタイトルはとても掲載し切れないので、詳しくは1章に掲げた参考文献の作品目録３種を参照されたい。とりわけ坂口千栄がまとめた目録（B90）は、日本語のコメントが適宜挿入された労作である。一日も早く公刊されることを心から期待している。

幸い、１９９９年から２０００年の１年間、サバティカルで

ÉCOLE CLASSIQUE
DE CHANT
COLLECTION DE MORCEAUX CHOISIS
DANS LES CHEFS-D'ŒUVRE DES PLUS GRANDS MAITRES CLASSIQUES
ITALIENS, ALLEMANDS ET FRANÇAIS
AVEC
LE STYLE, L'ACCENTUATION, LE PHRASÉ ET LES NUANCES
Propres à l'interprétation traditionnelle de ces œuvres
PAR
Mme P. VIARDOT-GARCIA
PARIS, J. HAMELLE, ÉDITEUR
Ancienne Maison J. MAHO
22, BOULEVARD MALESHERBES, 22

◀『古典時代の歌曲集』表紙〔B12 p.153〕

のパリ滞在中に、私はジェラール社刊の初版（1861）に付された巻頭言全文を、書き写した紙片を持ち帰り保管してあったので、まずはそれを要約しておく。

それにしても、曲集本体を確保できず未見のままであるのは、返す返すも残念だ。

「本集の作品選択はいかなる時代も楽派も漏らすことなく、すべての声種に語り掛けているので、歌手たちはここに自らの学びに資する歴史的・実践的道程を見出すことができる。かくも興味深い出版物の随所に付された注記、助言、指示などは、この偉大な芸術家（ポリーヌのこと――引用者）が生徒たちのために役立てようと、自身の類まれな才能を惜しげもなく示したものである。それゆえに本審議会はこの『古典時代の歌曲集』を、音楽習得にこれ以上なく益多く、かつ補う著作として認定する」

巻頭言の署名者は、パリ帝立（現国立）音楽院長ダニエル・オベール*、審議会長アンブロワーズ・トマ。そしてアンリ・ルベール、ジョルジュ・カストネールなど作曲家、帝室役員、秘書官など計10人である。

また、私のメモの裏に出版社ジェラールの序言も写してあるので、それも略記しておこう。

「今日、音楽を心より愛する人々を結び合わせる事実が目前にある。すなわちフラン

＊オベールはルイーズ・ファランク（1804-1875）を女性教授禁制という当時の通則に抗い、正式任命を断行した音楽院長としても記憶されていい。

ス人が過ぎ去った時代に懐旧の情をあらわにしたことである。言い換えれば、先立つ世紀と、今世紀初頭における天才的音楽家たちの創造に捧げる尊崇の念が、まさに頂点を極めんとする芸術の原理を永久に揺るぎないものに固めつつ、みごとな傑作群を造りだす要となったのだ。人々はそれについて繰り返し語り、倦まず賛嘆の情を表すことになるはずである」

なんとも格式ばった導入の言葉だが、先立つ世紀と今世紀初頭、すなわち18世紀及び19世紀初頭と、はっきり時期を区切ってあるところが貴重だ。ポリーヌのいう「古典期」が、まさに現代日本でも最も親しまれ求められている音楽の時代を示しているのだから。

歌手のみでなく器楽奏者にも役立つし、コンサートでもサロンでも趣味の洗練に寄与する――出版社として販売促進のメッセージを抜かりなく掲げた後に、この曲集作成を受諾したポリーヌへの讃辞を次のように連ねている。

「選びあげた大作曲家たちの考え〝pensée〟を汲み上げることをたえず念頭において、これまでの人生の道のり、積み上げた反省や趣向、日常生活の細部、舞台もしくはレッスン室、そうしたすべてを省みられて、ポリーヌ・ヴィアルド夫人は躊躇なく私どもの願いを受け入れられた」

次いで、伴奏やメロディまで演奏者が勝手に変更して歌う現状を正すべく、ヴィアルド夫人は作曲者本来の意図に即して初版楽譜やオーケストラスコアを参照。そしてヘンデル、バッハ、マルチェッロなど当時フランスではほとんど知られなかった作曲家たちの作も採用。イタリア語やドイツ語のフランス語訳、作曲者が譜面に書き込んだ事柄の順守に至るまで怠りなく検証。校正刷りを厳しく何度も点検された、とポリーヌの仕事ぶりの細部まで列挙した挙句、最後の結びには言葉に尽せぬほどのポリーヌへの尊崇の念を表している。

「一言でいうなら、本曲集は物心のすべてにおいて、なに一つ忽せにはしていない。それゆえ、タイトルにふさわしく、作品によってその栄光を広めるべき歴代天才たちに応え得る刊行物として、これを完成した。くわえて、真の芸術家と呼ぶにふさわしいあの輝かしい芸術家 Artiste の名も、ここに当然記されよう」

最後の Artiste が、ポリーヌを指すことは言うまでもない。

次に、楽曲について具体的なコメントは全く不可能なので、せめて、取り上げられた作曲者の名前だけでも列挙しておきたい（登場順）：

リュリ、ヘンデル、ペルゴレーシ、グルック、モーツァルト、ベートーヴェン、ヴェーバー、ロッシーニ、メンデルスゾーン、J・S・バッハ、マルティーニ、ピッチーニ、サッキーニ、ケルビーニ、メユール、マルチェッロ、シュタイベルト、ストラデッラ、ラモー、グラウン、ハイドン、ダレイラック、グレトリ、ボノンチーニ、シュポア、シューマン。

私見を加えるなら、18世紀及び19世紀前半に的を絞ったポリーヌに全面的に賛同する。とはいえ、その時代、独・伊・仏といった大国以外でも重要な音楽文化が全面展開していたはず――とりわけノルウェー、スウェーデン、デンマーク、ロシアなど。南北アメリカにも、植民地支配やキリスト教布教などの影響で否応なくヨーロッパ音楽はかなり浸透していたのだから、その点が抜け落ちているのは、何とも惜しまれる。ポリーヌの幼時のメキシコ滞在や、その後のジャポニスム認識〔7章参照〕を合わせれば、なおのこと、その想いは強まってしまうのだが……。

Ⅱ「フランツ・シューベルトの50の歌曲集」(1873, Edition Gérard, Paris)

訳詞：ルイ・ポメイ／注記と演奏指示：ポリーヌ・ヴィアルド夫人

ポリーヌがデビュー以前から父のレッスンの伴奏ピアニストを務めたこと、そうした折に、当時フランスではあまりなじみがなかったシューベルトも好んで取り上げていたことなどは、すでに何回か言及した。残念ながら、この曲集も私は楽譜の現物を持っていない。しかし編者ポリーヌ自身が執筆した序言「フランツ・シューベルト」と、アントワーヌ・ヴィランク*による解説「ポリーヌ・ヴィアルドとシューベルト」が、ツルゲーネフ記念館刊行の年誌〝Cahier〟の第2号（1978）に載っていた。

＊著者 Antoine Virenque については、出典誌に何も説明がないが、かなり詳しい注まで付した解説文であり、研究者として定評を得ていた人物と考えられよう。けれども私の手持ちの各国語音楽人名事典類には記載がなかった。

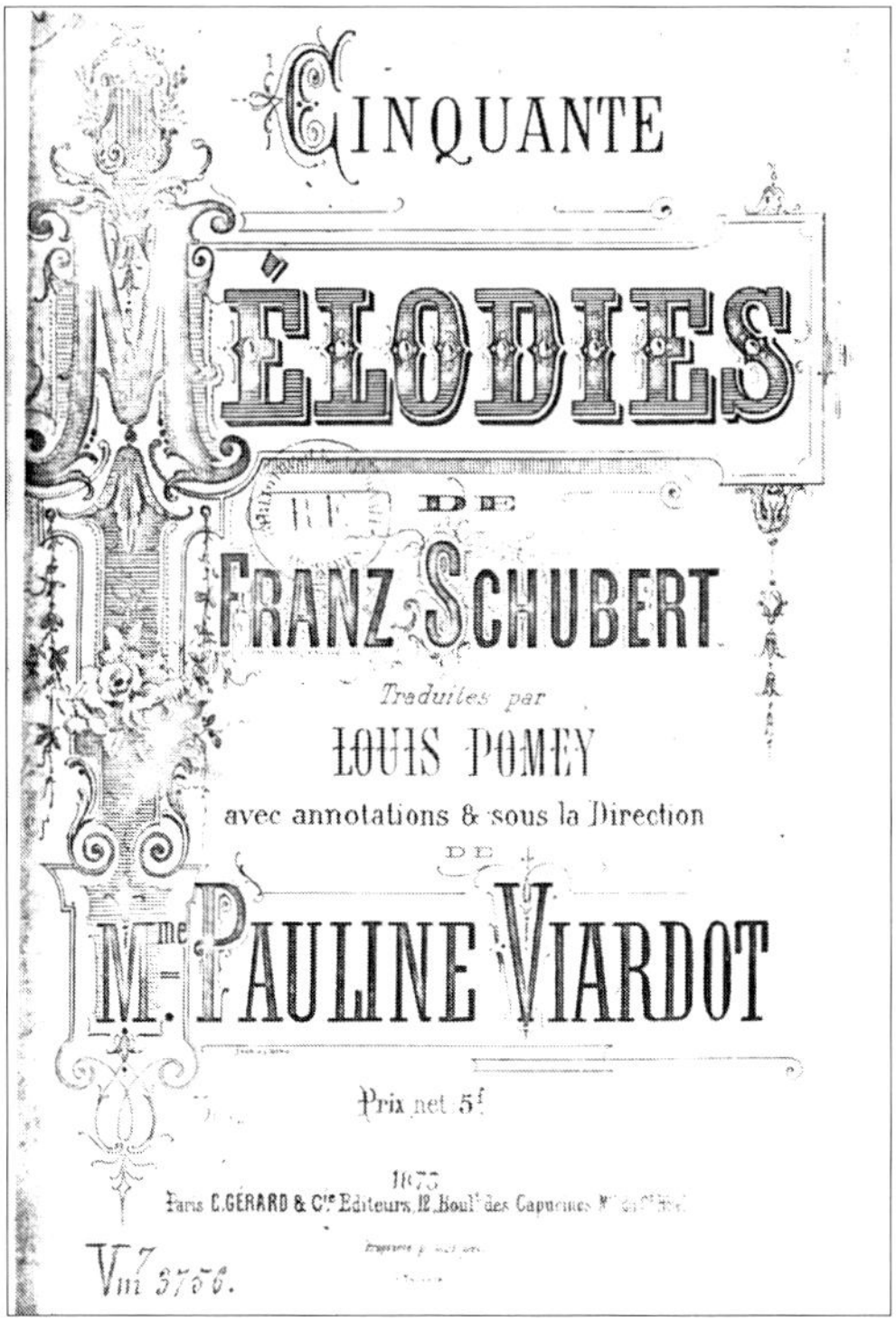

◀「シューベルトの 50 の歌曲集」の表紙

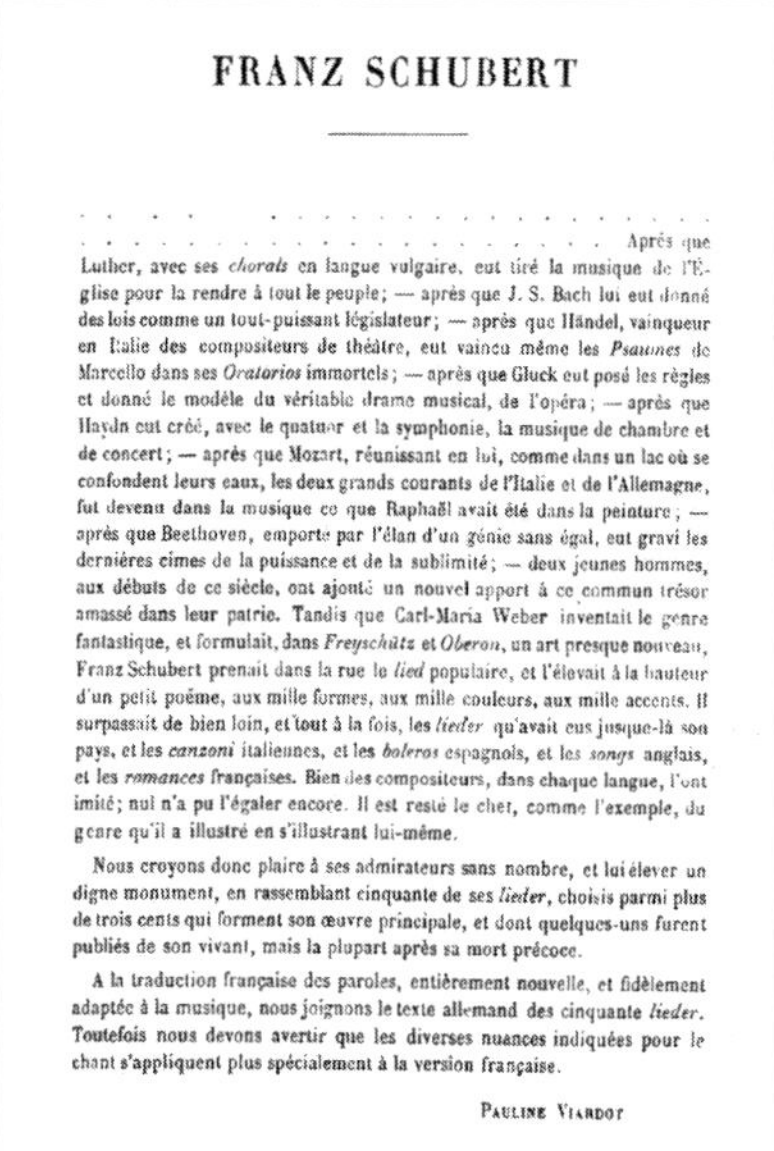

FRANZ SCHUBERT

. . . . Après que Luther, avec ses *chorals* en langue vulgaire, eut tiré la musique de l'Église pour la rendre à tout le peuple; — après que J. S. Bach lui eut donné des lois comme un tout-puissant législateur; — après que Händel, vainqueur en Italie des compositeurs de théâtre, eut vaincu même les *Psaumes* de Marcello dans ses *Oratorios* immortels; — après que Gluck eut posé les règles et donné le modèle du véritable drame musical, de l'opéra; — après que Haydn eut créé, avec le quatuor et la symphonie, la musique de chambre et de concert; — après que Mozart, réunissant en lui, comme dans un lac où se confondent leurs eaux, les deux grands courants de l'Italie et de l'Allemagne, fut devenu dans la musique ce que Raphaël avait été dans la peinture; — après que Beethoven, emporté par l'élan d'un génie sans égal, eut gravi les dernières cimes de la puissance et de la sublimité; — deux jeunes hommes, aux débuts de ce siècle, ont ajouté un nouvel apport à ce commun trésor amassé dans leur patrie. Tandis que Carl-Maria Weber inventait le genre fantastique, et formulait, dans *Freyschütz* et *Oberon*, un art presque nouveau, Franz Schubert prenait dans la rue le *lied* populaire, et l'élevait à la hauteur d'un petit poëme, aux mille formes, aux mille couleurs, aux mille accents. Il surpassait de bien loin, et tout à la fois, les *lieder* qu'avait eus jusque-là son pays, et les *canzoni* italiennes, et les *boleros* espagnols, et les *songs* anglais, et les *romances* françaises. Bien des compositeurs, dans chaque langue, l'ont imité; nul n'a pu l'égaler encore. Il est resté le chef, comme l'exemple, du genre qu'il a illustré en s'illustrant lui-même.

Nous croyons donc plaire à ses admirateurs sans nombre, et lui élever un digne monument, en rassemblant cinquante de ses *lieder*, choisis parmi plus de trois cents qui forment son œuvre principale, et dont quelques-uns furent publiés de son vivant, mais la plupart après sa mort précoce.

A la traduction française des paroles, entièrement nouvelle, et fidèlement adaptée à la musique, nous joignons le texte allemand des cinquante *lieder*. Toutefois nous devons avertir que les diverses nuances indiquées pour le chant s'appliquent plus spécialement à la version française.

PAULINE VIARDOT

Préface de Pauline Viardot à son édition des *Cinquante mélodies* de Franz Schubert (1873)

ポリーヌによる序言「フランツ・シューベルト」▶

50曲のタイトルと、シューベルトの作品カタログを編んだオットー＝エーリッヒ・ドイチュ（1883～1967年）による作品番号をも記したヴォランクの解説文には、ポリーヌが別途筆写した11曲もリストアップされており、300以上あるともいわれるヴィーンの作曲家の独唱曲のなかから、ポリーヌは合計61編を選び出したことになる。

そこでポリーヌがシューベルトをどのように捉えていたのか、まず序言を要約する。

「ルターがドイツ語のカンタータという形にして、音楽を教会用から民衆のために換えてのち；バッハが全欧の立法者として掟を定めてのち；ヘンデルがイタリアにて劇音楽の作曲者たちを打ち負かし、さらにそのオラトーリウムによってマルチェッロの詩編をも凌駕してのち；グルックが真の音楽劇、すなわちオペラのモデルを示してのち；ハイドンが弦楽四重奏と交響曲を以て室内楽とコンサートホール用の音楽を創成してのち；モーツァルトが絵画におけるラファエロがなしたように、音楽においてイタリアとドイツの二大潮流を深い湖の底で合流させてのち；ベートーヴェンが無比の天才の煌めきを以て崇高と力の頂点を極めたのちに；

この世紀の始まりとともに若き2人が出現、彼らの祖国で積み上げられた宝に新たな寄与をなしている。

◀ポリーヌのシューベルト歌曲集を収めた“Cahier” 1978年号は、トルストイ生誕150年、そしてシューベルト没後150年でもあったため、巻頭にポリーヌが描いたトルストイ像を掲げている。

カール・マリア＝ヴェーバーは幻想的なジャンルを考案し、その《魔弾の射手》と《オベロン》によって新奇な芸術を定型化した。もう一人のフランツ・シューベルトは、大衆的なリートという道をたどりながら、そこにさながら高雅な詩にも似せてさまざまな形、色彩、アクセントを施している。それはかれの祖国に従前現れたどんなリートをも、一気に、はるかな高みにまで凌駕してしまった。イタリアのカンツォーネも、スペインのボレロも、イギリスのソングも、フランスのロマンスも及ばない。多くの作曲家が、自らの言語でもって彼をまねようとしたが、いまだ匹敵する者は一人もいない。彼は自らが名を成すことで輝きを放つこのジャンルにおける見本であり、いつまでも頭〈chef〉であり続けることだろう。

それゆえ、数知れぬ愛好家の方々のために、その早すぎる死ゆえに出版されぬままの例を含めた50曲を選び、彼にふさわしい記念碑を打ち樹てたいと考えた。

音楽に忠実に添うようにここで初めて造り上げたフランス語訳題には、原語ドイツ語も配した。とはいえ、強弱のニュアンスなどの指示は、もちろんフランス語に適うよう配慮したものであることを、ご了解いただきたい」

つぎに何を措いても、50曲のフランス語とドイツ語のタイトルは列挙しなければなるまい（日本語タイトルは『平凡社音楽事典』「シューベルト」の項による）。

1　Les grillons(Le solitaire)〈孤独な人〉―Der Einsame

2　Sérénade〈セレナード〉—Ständchen
3　Le tilleule〈菩提樹〉—Der Lindenbaum
4　La truite〈鱒〉—Die Forelle
5　Hymne à la Vierge〈エレンの歌 III〉（マリア賛歌）—Hymne an die Jungfrau
6　Le roi des Aulnes〈魔王〉—Erlkönig
7　Je t'aime encore（Que je te salue!）〈挨拶を送ろう〉—Sei mir gegrüsst
8　La poste〈郵便馬車〉—Die Post
9　Au ruisseau dans le printemps〈春の小川のほとりにて〉—Am Bach im Frühling
10　Barcarolle (A chanter sur l'eau)〈水の上にて歌う〉—Auf dem Wasser zu singen
11　Devant mon berceau〈わがゆりかごの前で〉—Vor meine Wiege
12　Dans le village〈村にて〉—Im Dorfe
13　Secret (Confidence)〈ひめごと〉—Geheimes
14　Je pense à toi (Proximité du bien-aimé)〈恋人の近くに〉—Ich denke dein (Nähe des Geliebten)
15　Le voyageur〈さすらい人〉—Der Wanderer
16　La rose de la lande(petite rose des bruyères)〈野ばら〉—Heidenröslein
17　Le corbeau (La corneille)〈からす〉—Die Krähe
18　Elan d'amour (Impatient)〈いらだち〉—Ungeduld
19　A la musique〈楽に寄す〉—An die Musik

20 L' illusion〈幻〉—Täuschung
21 La ville〈町〉—Die Stadt
22 Chant du Harpiste〈竪琴弾きの歌〉—Gesänge des Harfners
23 Son image〈彼女の絵姿〉—Ihr Bild
24 Mon séjour (Séjour)〈我が宿〉—Aufenthalt
25 Le curieux（Le questionneur）〈好奇心の強い男〉—Der Neugierige
26 Tu ne m'aime pas〈君は我を愛さず〉—Du liebst mich nicht
27 Tu est le repos〈君はわが憩い〉—Du bist die Ruh
28 Marguerite au rouet〈糸を紡ぐグレートヘン〉—Gretchen am Spinnrade
29 Le départ〈別れ〉—Abschied
30 La rose〈ばら〉—Die Rose
31 A la lyre〈竪琴に寄せて〉—An die Leier
32 Fleurs desséchées〈しぼめる花〉—Trockne Blumen
33 Plaintes de la jeune fille〈乙女の嘆き〉—Des Mädchens Klage
34 Sur une tombe (Sur la tombe d'Anselme)〈アンセルモの墓にて〉—Am Grabe Anselmos
35 La toute-puissance〈全能〉—Die Allmacht
36 La méchante couleur (La couleur mauvaise)〈いやな色〉—Die böse Farbe
37 La couleur préférée (la couleur chérie)〈好きな色〉—Die liebe Farbe
38 Au fond de la mer〈海辺で〉—Am Meer

39 Dithyrambe〈ディオニュソス〉—Dithyrammbus
40 Méditations de nuit〈夜曲〉—Nachtstück
41 Sur la montagne〈ヴィルデマンを越えて〉— Über Wildemann
42 Où vais-je? (Vers où?)〈どこへ?〉—Wohin?
43 Vision (Double)〈影法師〉—Der Doppelgänger
44 Le meunier et le ruisseau〈水車小屋と小川〉—Der Müller und der Bach
45 Eloge des larmes〈涙の賛歌〉—Lob derThränen
46 La jeune religieuse〈若き尼〉—Die junge Nonne
47 Chanson de Mignon〈ミニョン〉—Mignons Lied
48 Le printemps〈春の信仰〉—Frühlingsglaube
49 Le rire et les larmes〈笑いと涙〉—Lachen und Weinen
50 Mignon et le harpiste〈ただ憧れを知る者だけ〉—Nur wer die Sehnsucht kennt

以下はポリーヌが曲集とは別に筆写した歌：

51 Soir d'hiver〈冬の夕べ〉—Winterabend
52 Chant de plainte〈嘆きの歌〉—Klagelied
53 Le père avec l'enfant〈子を抱く父〉—Der Vater mit dem Kind
54 Le chant de Mignon〈ただ憧れを知る者だけ〉—Lied der Mignon
55 Diossolution〈解明〉—Auflösung

56 Qu'elle fut ici? 〈君ここにありしこと〉 —Dass sie hier gewesen
57 Attis 〈アティス〉 —Atys
58 Myosotis 〈勿忘草〉 —Vergissmeinnicht
59 La nostalgie du fossoyeur 〈墓掘人の郷愁〉 —Totengräbers Heimweh
60 L'amour a menti 〈愛は欺く〉 —Die Liebe hat gelogen
61 Les étoiles 〈星〉 —Die Sterne

1つの重複もない選曲——これら61曲を、ポリーヌは心身に隈なく覚え込んだのであろう。ポリーヌのシューベルト愛の深さが窺われる。50曲の出版後に筆写した11曲に演奏上の指示が書き込まれていないのは、それらの出版は想定外、あくまで自身ひとりのための写しなので、もとよりそうした指示は不要だった、と解説には記されている。

これらシューベルト歌曲をポリーヌはどのように実際に表現したのか？　録音がないのが何とももどかしいが、ここで、6曲目《魔王》をめぐる評判を2例、ヴィランクの解説文より紹介したい。

はじめはオデオン座でのコンサート（1873年3月2日）。音楽史家ジュリアン・ティエルソの回想（『メネストレル』誌、1910年5月21日）を読めば、当日の演唱がいかばかり素晴らしかったか、想像できるのではないか。いわく——

「何にもまして《魔王》の印象が強烈であった。サン＝サーンスのピアノに伴われた

通信欄

小社の本を直接お申込いただく場合、このハガキを購入申込書としてお使いください。代金は書籍到着後同封の郵便振替用紙にてお支払いください。送料は200円です。

小社の本の詳しい内容は、ホームページに紹介しております。是非ご覧下さい。　http://www.nashinoki-sha.com/

【購入申込書】（FAXでも申し込めます）　FAX　03-6256-9518

書　　名	定　価	部数

お名前

ご住所　（〒　　　　　）

電話　（　　）

郵便はがき

恐れいりますが
切手を貼って
お出しください

101-0061

千代田区神田三崎町 2-2-12
エコービル 1 階

梨 の 木 舎 行

★2016年9月20日より**CAFE**を併設、
新規に開店しました。どうぞお立ちよりください。

お買い上げいただき誠にありがとうございます。裏面にこの本をお読みいただいたご感想などお聞かせいただければ、幸いです。

お買い上げいただいた書籍

梨の木舎

東京都千代田区神田三崎町 2-2-12　エコービル 1 階

TEL　03-6256-9517　FAX　03-6256-9518

E メール　info@nashinoki-sha.com

(2024.3.1)

ヴィアルド夫人が、このバラードに登場するそれぞれの人物を、一時も平板に陥ることなく、声の質、顔の表情、アクセントを施し描き分けたさまこそ、真に偉大な芸と呼ぶに値するものであった——父親の低く深い気品に満ちた声、子の胸を刺すような叫び声。だが何より凄かったのは、魔王の解釈であった。大方の歌手がするような旋律の魅力にかまけるのではなく、声と表情の限りを尽くして、魔王の不気味で邪《よこしま》な心情、その悪意から発する抗えぬ魔力を、見事に印象付けたのだ—かつてこれほどまでに心揺さぶられ、力強いものを聴いたためしはなかった——」

もう一つはメッテルニヒ公妃の《幼年期と若き日の回想》の1923年9月15日の記述から。実演に接した時期が不明なのは残念だが、これまたポリーヌの圧倒的なオーラを偲ばせる。しかも今度も伴奏者がすごい。リストである。作曲家＝ピアニストの系譜の頂点に位置するサン＝サーンスとリスト、その2人が揃って、難曲《魔王》の伴奏役を務めたなんて…凄すぎる。

リスト伴奏で《魔王》を聴けるのなら——との公妃の願いを、ポリーヌが早速リストに持ちかけ、共演が実現したものらしい。公妃は賭けに勝ったような喜びよう。

「本当です、本当にリストの伴奏でポリーヌが歌う《魔王》を聴いたのです。あれほど力強く、壮麗な印象は、一生消えることなく持ち続けることでしょう」

解説者ヴィランクは最後に、録音技術の音楽史形成への影響関係にも付言していた。私も、最近の録音技術の歴史への関心興味の高まりを知るにつけ、ポリーヌの実演記録が残されていてもおかしくはないのに、と残念でならない。息子ポールの録音はCD化されてあるからこそ、なおさらだ。サン＝サーンスやリストとの共演で、とまで贅沢は言わないが、ポリーヌ得意の弾き歌いならあながち不可能ではなかったろうに。ポリーヌの早すぎる生まれを恨まなければならないのだろうか？

Ⅲ「1時間で学ぶ女声のための練習曲集」Une Heure d'étude. Exercises pour voix de femme. 全2巻（1880, Heugel & Fils.）

パリ音楽院の教材として採択／ポリーヌ・ヴィアルド夫人が教え子たちのために執筆。

タイトルに続く記述が示すように、この練習曲集はあくまで教え子たちの声と表現力を鍛えるためのさまざまな音型・音階を配したものである。中身のページをめくると、一見、ピアノ初心者向けの『ハノン教則本*』にも似て、味も素っ気もない機械的な音のグループと思われよう。

しかし、順を追って2巻の最後までつぶさに追ってみると、なるほど、ポリーヌの歌曲の中では一番有名になっている《ハバネラ》が、なぜあのようにでき上がっているのか、わかるような気がする。こうした鍛錬を重ねるなら、3章で紹介したジャルスキーやバルトリのような鮮やかな歌いぶりができるようになるのだろう、と得心した。

＊原語タイトルは《*Le pianist-virtuose* 技量豊かなピアニスト》。また作曲者名は Charles-Louis Hanon（1820 ～ 1900）と綴るので、本来はアノンと呼ばれなければならない。

とにかく、Ⅰ、Ⅱ、Ⅲの編集・執筆本のうち、私が現物の楽譜を手元に保持できたのはⅢのこの「1時間――」のみ。あちこちのページを飽かず眺めているが、哀しいかな、私には歌い手の素質のかけらも持ち合わせないので、実践してみるのはとても無理だ。そこで、巻頭1ページにまとめられた簡略な手引きの中から、わかりやすくて面白い点をいくつか拾い上げてみよう。ただし、私が所持しているのは上記フランス語版ではなく、英語版（Kalmus Classic Edition K09190 "An Hour of Study / Exercises for the Voice"）なので、その点予めお断りしておく。

第1巻では11の項目が並んでいるが、そのうちのいくつかを挙げておこう。

1. ピアノはきちんと調律する。
2. 自分で伴奏もするなら、できるだけ椅子を高く、姿勢をまっすぐに構え、頭は少しだけ上向きにし、唇と表情が確かめられるように小さな鏡を机に置く。
4. 呼吸はできるだけゆっくりと深く、鼻で行う。唇は閉じる。
7. 声はどんな時も正確に思い切って当てる。ずり上げずに、ピアノの打鍵のように。
8. 練習は自然な声で、力を抜いて、母音を変えずに、強さも同じに保ち、指示がある場合以外は弱めない。
9. 1回の練習時間は15分以内とする。少しでもうまくいかない場合は直ちにやめる。休憩をとって喉が回復したら改めて集中し、うまくいかなかった箇所から再開する。
11. ピアノに座った瞬間から学ぶ点に専心し、他のことを考えてはいけない。それがで

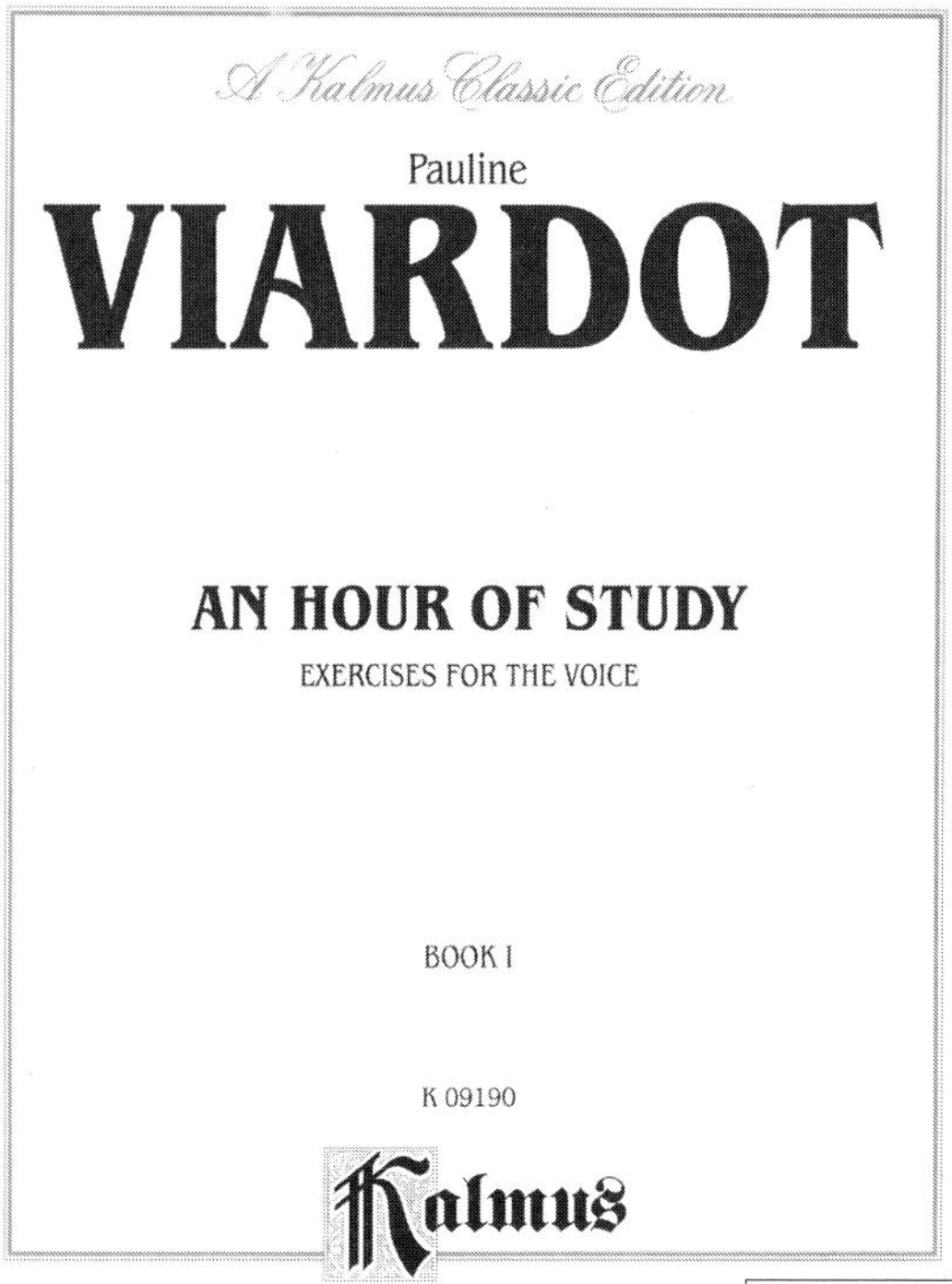

◀ポリーヌ・ヴィアルド「1時間で学ぶ女声のための練習曲集」表紙

"AN HOUR OF STUDY."

Adopted by the Paris National Conservatory of Music.

1. In the first place, care should be taken that the Piano-forte is at the correct pitch and perfectly in tune.

2. If the pupil accompanies herself, she should be seated as high as possible: and a small mirror should be placed on the desk so that she can observe her features, as well as the movement of her mouth. She should sit upright, the head slightly raised.

3. If the pupil is sufficiently a musician, and has an ear correct enough not to require her to play all the accompaniment, it is preferable, so soon as the exercise is well understood, that she should sing standing. In so doing, she must take care to hold herself erect, a little arched backwards, the head should be slightly elevated, the eyes looking straight forward, and the body resting firmly on the feet without swaying backwards and forwards, or from side to side.

To avoid these two equally ungraceful motions, the feet should be placed somewhat in the second position in dancing: the weight of the body on the backward foot.

4. The pupil must breathe very slowly and very deeply, *through the nose*, with the mouth closed; and the breath must be held a moment before commencing to sing each exercise. Too much pains cannot be bestowed to the habit of taking a long respiration through the nose.

There are several advantages to be derived by breathing through the nose. First: the air is less cold when it reaches the larynx, which is thereby not rendered dry. Secondly; the opening of the mouth unnecessarily is avoided, as well as that noise in breathing which is so painful and unmusical. Later, when it becomes requisite to inhale a deep breath very quickly, the lips may be opened so that the air may be taken through both the nose and the mouth at the same time. But, at first, it is all important to become accustomed to breathe through the nose.

5 Great care must be taken to avoid any rising of the root of the tongue, or its becoming rigid while singing.

6. The mouth must be moderately and naturally open; and the jaw, as well as the head must remain without movement.

7. The note should always be attacked accurately and boldly; without any sort of gliding, but similar to a note struck on the piano; without forcing it from the chest, contracting the throat, or anticipating it with an aspiration which produces the bad effect following:

8. The exercises must be sung with the full natural voice: without effort: without changing the vowel; with the same degree of power throughout the entire extent of the voice; and without any shading, except when indicated.

9. The pupil should not sing longer than a quarter of an hour at a time.

10. Whenever the pupil perceives that something is wrong: either that the intonation is not pure, the breath not properly taken, or that the quality of the tone is defective, she should immediately stop. When, after the lapse of a few seconds, during which the throat resumes its normal position, she should begin again; concentrating all her attention on the passage in which her singing was defective.

11. In fine, from the moment the pupil sits down to the piano, she should concentrate her mind on what she is about to study, and not permit her thoughts to wander from it. If she does not feel disposed to give it her undivided attention, it will be better to postpone the attempt.

「1時間で学ぶ…」の序言▶

きないなら、練習は後日に延ばすこと。

低域での長い全音符によるシンプルな発声にはじまり、最後はベートーヴェンの七重奏曲作品20（1799）のヴァイオリン・パートに成り変ったような旋律まで、全36ページから成る第1巻は、段階を追いながら着実な音楽の実力養成が計画されているように見える。

冒頭の手引きの後のページでは、練習しようとする部分がうまくできない場合、歌うのは止めてピアノで弾き、音の流れを頭にしっかり入れるように、とのアドヴァイスがなされている。また変ロから半音ずつ上昇する最初の練習で、へ音は胸声でも頭声でもどちらでもよいが、次の半音上の変ト音はファルセットで、すなわち頭声で、とはっきり指定している。声の高さを発声域の別に応じてこのように明瞭に定めていることは、3章の声の問題とも呼応して、大変有用で興味深いと思われた。

第2巻の巻頭言は、すべて練習は長い音価でゆっくりと歌いだし、徐々に速度を上げて進めばよい、と記し、最後は第1巻を残らず全部習得せずにはこの第2巻を始めてはならない、と注意して終わる。この第2巻では明らかに、第1巻より高度な訓練が施されており、中ほどではトリルについて、例外的に1ページ全部を費やして説明している。なるほど！　と思わされたのが次のくだりである。「トリルは各人の喉や声質が違うから、一概にはっきりとした訓練法を示すことはできないが、歌を全く習っていない人や子供でさえ、

＊フランス語版でも、これは〈rigidité〉と記されているはず。

他のことよりも容易にトリルができるようになる。そうした人の喉は、余計な訓練を何も受けていないからこそ、それが原因で引き起こされる〈rigidity〉*に冒されていないからである」

ポリーヌにとって歌い手が何より警戒すべきはこの「rigidity 硬直性、硬さ」であったようだ。その克服の秘訣が、この後かなり詳細に説明されている。けれども私には、ここでそれを誤りなく訳して書き上げる能力はまったく備わっていないので、歌い手を志す方々には、現物を手に勉強してくださるよう、お願いするほかない。

ポリーヌが生徒のために万遍ない配慮の元に編み上げた以上2つの巻。第1巻冒頭のこれ以上ないシンプルな練習から、第2巻最後を結ぶ器楽にはおなじみの変奏曲の体裁をとった高度な練習に至るまで、編者自らの手になる気の利いた伴奏パートが付されていることにも、感嘆の念を抑えきれない。《魔王》のピアノ伴奏を受け持った当代随一のピアニスト＝作曲家リストが少女時代のピアノの師であり、ポリーヌ自身もひそかに師の道をたどることも夢想していた。歌とピアノ双方からあふれ出る音楽性が、教育者としての資質にさらなる磨きをかけているように思われる。

Ⅳ　パリ音楽院教授辞任をめぐって

歌唱教師、歌唱教材編者としての実績は、以上3つの出版物で十分かもしれない。

しかしもう一つ、見逃せない重要なドキュメントがある。それは1872年にパリ音楽院の声楽教授職に就任したにもかかわらず、3年後に辞任を願い出た書簡である。歌の教師として、ポリーヌがどのような理想を抱いていたか、わかりやすく伝える無比の貴重な資料と思われるので、1875年9月15日、ブジヴァルから音楽院長アンブロワーズ・トマに宛てたその辞職願いの要点を、以下、記しておく。*

1．1人の女生徒が音楽院審議会の不当な評決から、受けてしかるべき褒賞［プリ、Prix］を逃したことで、将来の芸術家としてのキャリアが閉ざされかねないことに、抗議するため。

2．辞職願いの動機は左記のようにさらに広汎な側面に渡るため。

A．フランスでは真に美しい声は稀になり、大劇場での重い役割に堪える強大な声を歓迎している。これは厳粛なオペラ・セリアではなくオペラ・コミックの好みに合わせたもので、音楽院の修了コンクールに始まる生涯のキャリアを通じて、成功はすべて、何より大衆向けの教育を受けた生徒たちが勝ち取っている。

B．音楽院ではオペラ・セリアの偉大な役柄を保持し広めるものと私は誤解していた。それゆえ、自らの不明を恥じ、教授職を辞するべき、と思い至った。

C．1人の生徒が在学中、最後まで幾人もの異なる教授に就かなければならぬという院の規則に耐えられるような声の持ち主はわずかだ。一方、教える側としても、目的、趣味、方法はそれぞれ異なるから、そこに矛盾や齟齬が生じ、生徒は指針

＊出典は“メネストレル Ménestrel”1875年、第41号、p373-374

を見誤ってしまう。

D. 真の芸術家として育て上げたい生徒に対しては、ただ一つのやり方しかない。歌の第一歩からオペラの朗誦まで、その生徒の声と人間性によって決まる役柄の演技・所作に至るまで、同じ1人の教授が教えること——そのように信じている。

E. 音楽院から離れたところで考えてきたのは、完全な自立の下、全般にわたり、継続して、一貫する教育を、私1人で生徒に授けるのがより好ましいということ。それにより、残された時間を、楽院に捧げるより有効に活用できるはずだ。

F. 担当クラスでは、やり遂げるうえでの自由も可能性もなかった。しかし私が去るこの職をよりよく果たされる教授は、いくらでも現れるはずである。

院長の慰留に対して再度謝意を表し、Pauline Viardot と署名。

他の追随を許さない実力者による、こうした率直な所信表明に対して、モレノ*なる人物からの反論めかしたコメントも、同じ『メネストレル』で読むことができる。ポリーヌが予め辞職願を音楽雑誌『ガゼット・ミュジカル』誌に掲載する許可を与えていたためだ。幾人もの教師が1人の学生を分け持って教えることの利点を擁護しつつ、音楽院から優秀な芸術家を輩出しているのに比べたら、バーデン＝バーデンやドゥエ通りのポリーヌの拠点からはそれほどの人材が出ていないではないか、というモレノの批判に対して、ポリーヌが沈黙を守ったのか、あるいはそれ以上のやりとりがあったのか——寡聞にして分からない。

＊音楽院の同僚と思われるが、詳細不明

最後に、ポリーヌの教育者としての指針をよく反映しているポイント、すなわち自らの作品の献呈に関わることを確認しておきたい。

２０２１年、ブライトコプフ社から出た『ヴィアルド＝ガルシア：歌曲選集・第１集』〔EB 8887〕（以下『選集』と略記）には17曲が収められ、ポリーヌ歌曲のまとまった新しい出版譜として大変役に立つ。この『選集』を編纂したミリアム＝アレクサンドラ・ヴィグベルスは、ソプラノ歌手にしてヴィアルド研究に注力しているドイツ女性である。ところが、このヴィグベルスが編纂した上記『選集』には、解説文にも各曲タイトルの表示にも、当然あるはずの献呈先の名前が見当たらない。ヴィグペルスが歌ったCD「ドイツ歌曲集」*でも同じこと――これには心底落胆した。

私が献呈先・献呈相手にこだわるのは、それまで気付かなかった作曲者の交流関係や歴史的背景が浮かび上がるケースが多々あるからだ。ポリーヌの場合、ショパンのマズルカを二重唱に編曲した《別れ》を、当時のフランス国民音楽協会で頻繁にその作品が演奏されていた貴族女性マリー・グランヴァル（Marie Grandval １８２８～１９０７）に献呈したこと、逆に、フォーレからはゴチエの詞による《漁夫の歌》（１８７２年頃？）を献呈された事例など、何とも興味をそそられずにはいられない。歌唱指導の相手には、それぞれの個性を念頭に自作の歌を教材として提供するのが常であったし、師弟関係にはなくとも、歌曲の場合はおおむね具体的な献呈先を想定していたらしいのだ。

そうしたわけで、２０２１年実施した２００年コンサートのプログラムにも、できるだ

＊本書巻末の文献表の楽譜〔B86〕、この楽譜の書評〔B87〕、およびヴィグペルスが歌ったドイツ語リートに特化したCD〔D11〕を参照されたい。

け献呈先を明記するよう努めたのだが、準備の段階では利用できる出版譜が少なく、フランスで入手したコピー譜に頼ったものの、タイトルや献呈相手の表記がカタログ類とは一致せずという場合もあり、何とももやもや感が残るばかりだったが……。

上記『選集』の書評〔B87〕でそれをきっちり解消してくれた執筆者ヒラリー・ポリス、アドリアーナ・フェストゥの2人に深謝する。

▲マリア・マリブラン。ポリーヌの13歳上の姉、オギュスタ・コール（女性？）画、フランス国立図書館蔵。数ある肖像画の中で最も美しい作品ともいわれる。（出典：Patrick Barbier: *Malibran*（2006, Pygmalion）

コラム：意外な接点・ポリーヌと柳兼子

柳兼子

柳兼子（1892〜1984）。私がこれまでさまざまな機会に取り上げてきたアルトの歌い手である。2008年に国立音楽大学を定年退職した際に、その兼子を最終講義のテーマに選んだ理由は、NPJ通信第12回（2009年6月1日）に詳しいので繰り返さない。クラシック音楽の女性作曲家復権を主眼に講演、コンサート、執筆を重ねてきたが、日本の女性なのに西欧の女性ばかりを取り上げて、自分が生まれ暮らしている場を無視している——どうにも後ろめたい想いに悩まされてきた私にとって、兼子の実像を知り得たことは、大げさに言えば、天恵であった。「第九のアルト・パートは歌っていてもちっともおもしろくないから」と、N響との共演依頼を断るなど、〝嫌なものは嫌〟で押し通した兼子の感性こそ、今、ロシア対ウクライナによる戦争に翻弄される世界に何より必要な道徳倫理、と確信する。本書で次の雑文をコラムとして挿入しようと急遽決めたのは、そうしたわけであった。

Ⅰ．兼子とポリーヌ——それぞれの生き方

まずは両者の人生の共通点／相違点をざっとおさらいしておこう。

1．夫との共働

兼子は柳宗悦（民藝の創始者、1889〜1961）の陰でまさに無名者扱いであった。ポリーヌは夫ルイ・ヴィアルドがマネージャーに徹し全面的に支援。

2. ともに4子を得るも、兼子の第3子は生後2日で死去。

3. 兼子の作曲は1曲のみ知られるが、ポリーヌは数百曲?
ポリーヌ晩年の多数の作品は教育用の歌曲が主軸。

ポリーヌのピアノ伴奏能力は圧倒的だったが、一方兼子はピアノを弾かず伴奏者任せだった。

4. ともにアルトもしくはメゾ・ソプラノの声で歌う
恵まれた長寿を生かし晩年まで活動、とりわけ歌唱教師を息長く続けた。

5. 女性としては珍しい受賞歴
兼子は73歳（1965）、女性初の芸術院恩賜賞

▲朝鮮の駅頭で兼子と宗悦

▲『冬の旅』全曲演奏のポスター　『民藝』690号（2010）

＊右頁の写真は『女の暦』（2006年4月号。ちなみに『女の暦』2006年1月号には、滝乃川学園所蔵の文化財“天使のピアノ”とその持ち主で知的障碍児教育に人生を捧げた石井筆子が取り上げられている。p152-153も参照されたい）

6. ポリーヌは79歳（1901）、レジオン・ドヌール受賞
歌ったレパートリーはかなり共通。ほんの数例をあげれば
マイアベーア『預言者』より「ああ、息子よ」

グルック『オルフェウス』より「我エウリディーチェを失えり」（男装役）

ヴェルディ『トロヴァトーレ』より「炎は燃えて」

サン＝サーンス『サムソンとデリラ』より「君が御声にわが胸ひらく」

ヘンデル『リナルド』より「涙流るるままに」

シューベルトを高く評価→演奏曲多数。

兼子による『冬の旅』全曲演奏は当時の女性としては例外的。

放浪する若い男性の描写ゆえ、女声歌手のレパートリーとは考えられていなかったが、自らの声の特性を生かし、男装役も厭わなかったからか？
7. ポリーヌはシューベルト歌曲集を編纂＝民衆歌のシンボルと認識？
師ペッツォルトの『魔王』弾き歌いの至芸に驚嘆し、歌手志望を決めた兼子。

自ら『魔王』弾き歌いも披露、シューベルト歌曲集にもこの曲を組み入れたポリーヌ。
8. 兼子は夫からの家父長的束縛に苦しみつつも、自らの信念は曲げず、既成の権威に抗しつつ歌の道に邁進。家事万端も見事にこなした。
ポリーヌは全欧に輝かしい足跡を残し、万能？の音楽文化人としての存在感を及ぼしながらも極めて謙虚、身近な民衆に寄り添う態度を貫いた。

Ⅱ. 兼子とポリーヌを繋ぐ緒《いと》

『魔王』―ペッツォルト―マルケシ―マヌエル・ガルシア二世

ちなみにこのシンフォニア社は、小ぶりながら決して絶版にしない、という社是を貫く実に誠意溢れる出版社。私も2008年にジャーヌ・バトリ『ドビュッシーが自作で教える歌唱法』の翻訳でお世話になった。

兼子の歌手人生に決定的な影響を及ぼしたハンカ・ペッツォルト Hanka Petzold（1862〜1937）。ノルウェイの音楽家一族に生まれ、ドイツ語新聞主幹の夫とともに1909年来日、東京音楽学校教授に就任、日本の声楽界の開祖として優秀な門弟を多く育てた。声楽はイタリアのマルケシに、ピアノはリストに学ぶ。パリのオペラ舞台で12年間活躍、マスネにも重用された。このように、兼子にとって生涯唯一の師が、音楽家系の出自に加え、リストやマスネなど、ポリーヌにとってもカギとなる人物から教えを受けていたとは、嬉しい驚きだ。

しかし「マルケシ」という名はポリーヌの生涯には見当たらないのでは？ いやいや、本コラムの目的は、それを明らかにすることであった。

問題のマティルデ・マルケシ、旧姓グラウマン（Mathilde Marchesi=Graumann 1821〜1913）はドイツ出身だが、1845〜49年にパリでポリーヌの兄マヌエル・ガルシア二世に学んだ後ロンドンに移って結婚。歌手・教育者として成功をおさめ、ヴィーン音楽院やケルン音楽院教授を経て1881年以降はパリに定住。教育に専念して、娘ブランシュをはじめ優秀な歌い手を多く育て上げた。当時の最も著名にして重要な女性音楽家の一人とされている。

一方パレルモの貴族出身で、革命運動に関わって一時はアメリカに逃れたこともあるという夫、サルヴァトーレ・マルケシ Salvatore Marchesi（1822〜1908）は、ミラノで音楽を学んで後歌手として各地で活躍したが、ロンドンではマヌエル・ガルシア二世に学んでいる。つまり、夫妻揃って、ポリーヌの兄ガルシアを崇拝し、その教えを生かして活動していたのだ。

だがそれでは、いったい兼子とはどのような縁があるというのか？

恩師ペッツォルトがマルケシの教え子だったことはすでに触れたが、そのマルケシの編んだ歌唱教本*が、兼子在学中の東京音楽学校で使われていた。その教材採用を決めたのはペッツォルトであったろう。であれば、兼子はマヌエル・ガルシア二世の孫弟子と言えるではないか。

＊その著『歌唱法の理論と練習』がシンフォニア社から翻訳出版されていたことを、恥ずかしながら、今頃知った。同社からはマヌエル・ガルシアの『ベル・カント唱法のヒント』も出ている。遅まきながら、両著を見比べつつ勉強し直したい。

それればかりではない。先立つ4章で紹介したように、ポリーヌは、マルケシ夫妻の娘ブランシュBlanche Marchesi（1863〜1940）が、ポリーヌの歌曲を歌って評判となったことを讃える書簡を母マティルデ宛てに送り、さらに自分の歌曲をほかにももっと歌ってほしいから、と楽譜入手の仲介の労まで取っていた。手紙の送り主ポリーヌとはどうやら対面したことがなかったらしい受け手のマティルデは、この件について、「どの面からみてもとりわけ重要なお方」と満腔の敬意とともに回想録に記している。その敬意はしかし、兄マヌエルも加えたガルシア家の二人に宛てたものだったのかもしれない。

このエピソードはまた、ポリーヌが自作の宣伝には消極的で、名前を公表するのをためらったという噂を打ち消す面でも興味深い。サロン並びにオペラでも広く活躍したブランシュの声質や音楽性を磨きあげることに資するなら自作を有効活用してほしい、という誠実な態度が窺われるからだ。

兼子とポリーヌ。18年間は同時代者であった。兼子は1976年春、教え子夫妻の招きでパリに滞在、内輪のコンサートで歌っているが、ポリーヌの死後すでに60年余り経つ。ポリーヌを取り巻く芸術・文化の雰囲気は、とうに消え失せていたはずだ。とはいえ、ペッツォルトの、それこそ口移しさながらの密着した教えを通して、マルケシの、つまりはガルシア兄妹の、歌の教えは、今なお、細々ながらこの日本にも息づいていると言えるかもしれない。兼子がペッツォルトとともに学んだ、あのマルケシの歌唱教本が、この国の音楽教育の現場で、今なお語られ、余命を保っているからである。

念のため、巻末参考文献表にない兼子関連の資料を付け加えておこう。

DVD：ドキュメンタリー『兼子』（兼子制作委員会：全農映、2004）

『民藝』「特集 声楽家・柳兼子 第690号」（日本民藝協会、2010）

NPA梨の木ピースアカデミー第2期・小林緑の音楽カフェ：4回目「楽器とジェンダー」（2020年12月10日）

5章　鍵盤楽器奏者・作曲家としてのポリーヌ

ブレーメンの「ソフィ・ドリンカー研究所」からの執筆依頼

「時代のあらゆる文人と直接交流し、書簡をやり取りした最も驚嘆すべき人物の1人」——自らも博学多識と長寿をもって知られる同時代人サン＝サーンスのこのポリーヌ観を、私はすでに幾度も紹介した。ここでは、ピアノの演奏と作曲にも卓越していたポリーヌに焦点を当てることとする。

没後100年の2010年前後にはフランスを中心に各種記念行事が行なわれ、また2021年の生誕200年をめぐっても各地からさまざまなイヴェントが伝わってきた。Youtubeなどを検索すれば、今をときめくスターアーティストの実演の動画がいくつも味わえる。だがそれらは相変わらず、ポリーヌを歌手としてのみ讃え、取り上げているのがほとんどだ。ヴァイオリンとピアノのための《6つの小品》および《ソナチネ》という、あの2つの傑作でさえ、寡聞にして私は映像付きではまだ観たことがない。自慢するわけではないが、私の企画したコンサートでは、小林美恵、長尾春花、佐藤久成といった日本が誇るヴァイオリニストたちによって、すでに5回ほどは紹介済みだ。記録映像も取ってある。ピアノ独奏曲も同様で、山田武彦、佐野隆哉、内門卓也がそれぞれ個性的な演奏でポリーヌのピアノ書法の真価を引き出してくれた*。強調したいのは、歌を支えるピアノ伴奏パートが、歌詞の内容を反映した巧みな造りになっていることだ。

＊ 2012年11月10日、今や世界的評価の高い小山実稚恵が『ピアノで綴るロマンの旅』全20回シリーズ（オーチャードホール）の第14回「夜のしじま」のアンコールとして、ポリーヌの《セレナード》を演奏。「ポリーヌと“歌”」（2012/3/24）に来聴、楽譜を所望されたため実現した。

▲アプライトピアノを弾くポリーヌ。1864 年の写真。〔B81 p.192〕

4章で記したとおり、オペラの舞台から引退した後半生において、作曲と歌唱理論の編纂、そして何より欧米各地から集まってくる弟子たちの教育に専心したポリーヌは、歌の指導にこそ自らの生の意義を見出していたのかもしれない。さまざまな地域の異なる言葉で、それぞれの文化や歴史を語り伝えることができる歌。それを導き教えるには、教師自らもともに歌いつつ、和声やリズムでしっかり支えることが可能な道具、すなわち鍵盤楽器を操ることが必須となる。ただし、鍵盤楽器とはいっても、食材や酒類と同じく、地域ごとに特徴ある無数のタイプが存在したから問題はややこしくなるが、ここでの対象はあくまで19世紀前半の、ふつうにいわれている「ピアノ」を指す。ついでながらポリーヌは、ある意味で別格の重要な鍵盤楽器というべきオルガンも、立派な名器を所有しており、サロンなどで随時活用していた。そうしたあたりを含めて、以下をお読みいただきたいのだが、まずは本章がどのような経緯でき上がったか、お断りしなければならない。

およそ「女性と音楽」に関して、内外で最も重要な組織であるドイツはブレーメンに立地する「ソフィー・ドリンカー研究所」。その代表者フライア・ホフマンから、２０１２年夏ごろだったか、器楽奏者としてのポリーヌをめぐって執筆を、とのご提案をいただいた。迷惑を顧みず、日本語のままの『女性作曲家列伝』や、こちらで実施したコンサートのプログラムと事後報告などを、たびたび研究所宛てにお送りしてきたのが幸いしたのかもしれない。この件で仲介役を果たしてくれたのが、１９９３年に立ち上げた「女性と音楽研究フォーラム」現代表の玉川裕子だった＊。

彼女はホフマンとも親密な友人であり、また、19世紀ドイツ市民社会における女性と教

＊ 2022年6月末からは、吉田隆子など日本の女性作曲家を専門とする辻浩美が、玉川を引き継ぎ代表となった。初代の私からほぼ30年を迎え、女性グループには珍しい長寿組織と言われる。設立当初から長きに渡り事務局を担当した市川啓子、そして5月17日に急逝した西阪多恵子の両者には、この機に深甚の謝意を表したい。

育・文化・歴史をジェンダーの視点から再検討したホフマンの名著『楽器と身体』の訳者でもある。書き上げた私の日本語原稿を間をおかずドイツ語に翻訳してくれたことまで合わせて、玉川には幾重にもお世話になった。

それにしても1999年からのサバティカルでパリに滞在した1年間に、他にも「女性と音楽」「女性作曲家」を目的とするヨーロッパ各地の研究組織や、その代表者と直接知己を得ることはできたが、今回のように私のこだわりを考慮した執筆依頼をいただけたのは、私にとって望外の、格別な出来事となった。コロナ禍での世界的な閉塞状況の中、こうした幸せな巡り合わせに、今、改めて想いを致す次第である。

以下の内容は、そのような経緯があって、2013年2月1日付けでソフィ・ドリンカー研究所から送付されてきたドイツ語訳のファイルに基づいて補筆・修正を施したものであることを、了承していただきたい*。

鍵盤楽器にまつわるポリーヌ——そのあれこれ

ポリーヌが馴染んだ楽器はどうやら鍵盤楽器のみである。見事なヴァイオリン作品が2つあるものの、この弦楽器を自ら奏した形跡は見当たらない。また、フランス音楽史では大変重要な位置づけにあったハープも、自らの実演はおろか、作品に取り入れてもいない。傑出したピアニストでもあったポリーヌには、しばしばピアノに取って代わる機能も果たしていたハープの必要性には、想い及ばなかったのかもしれない。(次頁*を参照)

彼女の器楽演奏活動を整理した参考資料はいまだないため、以下、鍵盤楽器の実演と楽

*紙媒体での現物は見ることができなかったが、ともかく拙稿は同研究所がオンラインで編纂した《女性器楽奏者事典 Instrumentalisitinnen-Lexikon》Info@sophie-drinker-institut.de に掲載済みである。

器について伝わった断片的な事柄を略年譜の形で掲げておく。ただし、それ以外にも年代不明ながら見落とせない興味深い事象もあるので、年譜を踏まえてそれを以下に記したい。

1．ポリーヌが最初に触れた楽器はオルガンだったかもしれないが、生涯ピアニストへの夢を捨てなかったことは、とりわけ晩年にピアノ曲を多く書き、出版している事実からもうかがわれる。幼時から父マヌエルに、独奏、伴奏、移調、弾き歌い、即興など鍵盤楽器奏者に求められる技術のすべてと、衣装のデザインと縫製、登場人物のスケッチ画まで、歌手として必須の手わざとして厳しく仕込まれていた。少女時代の師であったリストからはピアニストを本業とするよう勧められたほどだったが、公的に歌手の道を選んだのは、母の影響であった。自らも経験豊かな歌い手で、ポリーヌに歌の手ほどきをした母ホアキナが、女が音楽の世界で身を立てようとするなら、ましてやガルシア家の人間であればなおのこと、歌手以外になるなどありえない、との考えの持ち主だったからである。ちなみに早世した伝説的名歌手の姉マリアはギターの弾き歌いをよくし、その息子もピアニストとして大成し、叔母ポリーヌとの共演歴も知られる。

2．リスト以上にポリーヌと深く音楽生活を共有したのが、これまた稀代のピアニスト、サン＝サーンスだ。ポリーヌに1章を割いた評論集『音楽の思い出』（1919）〔B9〕の中で、ポリーヌ自らが作品の公開を恥ずべきことのようにためらい、作曲はあくまで子供たちや友人との交流の手段と心得ていたため、多くが未完のまま留まったとしてい

＊少し時代は下がるが、ハープの歴史を語るうえで、誰よりも重要なハーピスト＝作曲家アンリエット・ルニエ Henriette Renié（1875 ～ 1956）について、最も権威ありとされている《ニュー・グローヴ音楽事典》（1980）では項目に立てられていない。そうした重大な欠落を補うべく編集された《ニュー・グローヴ女性作曲家事典》（1994）でさえ、相変わらず無視のままだ。フランスという国、そしてハープという楽器が、音楽研究でいかに劣位に置かれているか、深刻に捉えなおす必要があろう。

る。

しかし、これを額面通りに受け止めてよいのかどうか？　というのは、現在のポリーヌ研究の牽引者であるベアトリクス・ボルヒャルト〔B77〕が、ポリーヌと同時代の優れた歌唱教師であったマティルデ・マルケシの回想録（1885）から、サン゠サーンス説とは相反するような1節を引用しているからだ。

それは、ある音楽の夜会において、自身の歌曲2つがマルケシの娘ブランシュによって歌われたのを聴いたポリーヌから、娘の演奏の出来栄えと才能を称えるとともに、自分の他の歌ももっと取り上げて欲しいから、ジェラール出版社に楽譜を送るよう依頼した、との手紙（1881年6月8日）を受け取った、というものである。

こうしてみると、少なくとも歌に限っては、ポリーヌは教材としての自作歌曲を広く伝播させ活用したいと考え続けた、とみるのが妥当なのかもしれない。

もともとピアノ独奏曲であるマズルカを総計15曲、自ら歌うべく歌曲用に編みなおすなど、ポリーヌとショパンとのコラボレーションは夙に知られているが、そのショパン亡き後、ポリーヌの伴奏をいつも喜んで務めたのはサン＝サーンスだった。ショパン演奏の秘訣であるテンポ・ルバートの真義を実はポリーヌから伝授された（前出評論集 p152）と打ち明けた貴重な証言は、そのままに信じたい。

ついでながら、アプライト・ピアノの前に座るポリーヌと、上からしかつめらしい表情で指導しているように見えるショパンを描いたカリカチュ

◀アンリエット・ルニエ
（女性作曲家ガイドブック 2016 から）

アは2章「生涯のあらまし」33ページに掲載した。

この有名な絵の作者はサンドの息子モーリスとされているが、私が最も信頼すべき情報源としているドラーハイムは、1844年、ノアンのサンド邸にてポリーヌ自身が描いた、と明記している〔B49〕。さらにポリーヌ伝を最初に公刊したとされるギュスターヴ・デュロン〔B12〕も、ポリーヌ画とあっさり説明していた。この食い違いを解決するなど私にはできるはずもない。とはいえ、上記の通り、ショパン演奏の秘訣テンポ・ルバートを体得したまさにその人、とサン＝サーンスが言い当てたポリーヌに対して、ショパンがあのように偉そうな態度をとるのは、かえって不自然ではないか？　むしろポリーヌが得意の肖像画家としての才を揮って、それとない皮肉もこめ自分とショパンを戯画化してみせた、という前提で、デュロンとドラーハイムに与したい。

3．そのサン＝サーンスはまた、ローベルト・シューマンの2台ピアノのための作品でクララ・シューマンと共演したポリーヌの力量を「〔クララと〕全く同等」と評している。生涯親密な友情で結ばれたこの2人の女性は、ロンドン、パリ、バーデン＝バーデンなどヨーロッパ各地でおよそ20回の共演を重ねているが、上記1862年のケース以外にポリーヌがピアノで共演したか否かは不明。だが、ピアノ一筋のクララにとって、本来歌手であるポリーヌがピアニストとしても自分と互角と感じたなら、内心穏やかではなかったろう。「知る限り最も才能豊かな女性」と称えつつも、バーデン＝バーデンのポリーヌ邸音楽堂 Kunsthalle の柿落としにバッハのフーガをオルガンで演奏したポリーヌについて、クララは、楽器の響きの素晴らしさが活かせず、ペダルも使えなかったと、ブラームスに宛てた手紙（1864年11月3日付け）で批判がましく書いている。

4．楽器の手ほどきをオルガニストから受けたことが影響してか、ポリーヌのオルガンへの愛着は大変に深かった。独立したオルガン作品は存在しないようだが、バッハ＝グノー《アヴェ・マリア》を女声三重唱に編曲するに当たっては、伴奏にハープ、ヴァイオリンとともにオルガンも加え、バーデン＝バーデンの自邸で演奏した（1864）という情報がある。しかしこの作品については実在したという確かな証拠がない。しかし後年、同じく《アヴェ・マリア》と題する歌曲（あるいは合唱でも可）が出版されている（1901）。これまた伴奏はピアノあるいはオルガンとの指定があり、私もフランス国立図書館音楽部門でコピーした楽譜を所持している。第3次世界大戦の危機にもある今この時期に、名乗りを上げて歌ってくださる合唱団が現れたなら、喜んでコピーを提供させていただきたい！

　また、クールタヴネルの別邸に特注で設置した16フィート・ストップ付きのカヴァイエ・コル製の見た目も美しいオルガンは、バーデン＝バーデンにもパリのドゥエ通りにも運ばれ、それぞれのサロンの威光を高める上でも貢献した。この愛器を、ポリーヌは夫とツルゲーネフを相次いで見送ってほどなくムランのノートルダム聖堂 Collégiale de Notre Dame de Melun に寄贈、お披露目の儀も行なわれたという。

　ちなみにバーデン＝バーデンの音楽堂にて、若く才能豊かなヴァイオリニスト、フーゴ

◀ポリーヌによるクールタヴネルの別邸のスケッチ

▲バーデン＝バーデンのヴィアルド邸・音楽堂の情景：オルガンの前に座っているのがポリーヌ、ピアノに向かうのはアントン・ルービンシュタイン。客席にはプロシャ国王ヴィルヘルム１世やビスマルクらしき姿もある。
L. ピーチュによる木版画（1865）〔B49 p.34〕

ー・ヘールマンがメンデルスゾーン編曲になるバッハ『シャコンヌ』を弾き、ポリーヌがオルガンで伴奏した折、ツルゲーネフが嬉々としてふいご係を務めていた、と回想するのは、当のヴァイオリニスト自身である。

5．ポリーヌが愛用していたピアノとはどんなものだったのか？　残念ながらこれに関しての明確な情報に私はまだ接したことがない。

しかし晩年、夫もツルゲーネフも喪って後、歌の指導に際してグランド型のピアノに向かっているポリーヌの姿は数種の写真から知られる。だがそのピアノの実態がどのようなものであったのか説明がないのは、もどかしいかぎりだ。

一方、ブジヴァルのツルゲーネフの終の棲家（現ツルゲーネフ記念館）には、バーデン＝バーデンから移された1本ペダルのスクエア・ピアノ*が現存する。立派な家具にも等しいドイツ製の高価なものとされるが、ポリーヌも折に触れてこれを弾き、歌ったことであろう。

6．演奏活動に直結したか否かは不明ながら、ポリーヌは同時代の音楽研究の成果にも目配りを怠らなかった。1871年に完結したファランク夫妻の『ピアニストの宝典 Trésor des pianistes』と、1899年に完結した『バッハ協会版全集 Bach Gesellschaft Ausgabe』の、ともに予約購読者リストに名を連ねているのだ。また、ロンドン公演の折に購入したモーツァルト『ドン・ジョヴァンニ』自筆楽譜を後年パリ国立音楽院に寄

＊扉カラーページ参照

贈した際の絶対条件が、自らの死後の散逸を恐れ、外部貸出しは一切ならず、であった。この一件からも、ポリーヌがいかに思慮深く、伝統を守り抜く気構えが強かったか、うかがわれよう。

▲パリ・サンジェルマン通りの自邸でピアノ伴奏しつつ歌唱指導するポリーヌ（1900年?）。〔B48 p.96〕

器楽活動関連・略年譜

1825：ガルシア一家を挙げてのアメリカ巡演の合間に、メキシコ人教会オルガニスト、マルコス・ベガ Marcos Vegae より鍵盤楽器の手ほどきを受ける。
1829：フランス帰郷。ピアニスト、マイセンベルク Charles Meysenberg の門下に入る。しばらくは指の練習のみに限り、ピアノ演奏の基礎を体得したとの説がある。
1830：父マヌエルが舞台から引退して歌の教育に専心、ポリーヌがピアノ伴奏を受け持つ。
1835：この頃からヴァイオリン奏者・作曲家の義兄ベリオとともにピアニストとして舞台出演。
1839：パリ来訪中のクララ・ヴィークと頻繁に交流。以後も各地でたびたび共演。
1848：ドゥエ通りに家を購入、サロン運営本格化。
1850：クールタヴェネルの夏の家にカヴァイエ・コル Cavaillé-Coll 製オルガンを設置。
1857：優れたヴァイオリニスト兼作曲家となる末子ポール誕生。のちポリーヌとしばしば共演。
1859：リスト、ポリーヌ論（『音楽新評』NZfM 1月28日号）の中で「ポリーヌはオーケストラ譜をピアノで再現できるし、この上なく難しいピアノ伴奏も初見で難なく奏するし、前弾きや即興的装飾付けも、見事な技量を発揮する」と紹介。
1862：パリ来訪中のクララ・シューマンとサル・エラールにてロベルト・シューマンの《2台のピアノのための変奏曲》を共演。
1863：バーデン゠バーデンに転居。自ら〝Kunsthalle〟と命名した音楽堂にクールタヴネルよりオルガンを移送。リストの提案でピアノを2台設置⇒リスト《ファウスト交響曲》を作曲者と共演。
1865：バーデン゠バーデンでの室内楽の夕べシリーズで、ベートーヴェンのホ長調（作品70）、シューベルトの変ホ長調（作品100）の三重奏曲のピアノ・パートを受け持ち、フーゴー・

ヘールマン Hugo Heermann のヴァイオリン、ラインホルト・ブリンクマン Reinhold Brinkmann のチェロと共演。
1867：息子ポールのために《ピアノとヴァイオリンのための6つの小品》を作曲。母子で初演？
1872：パリ帰郷、ドゥエ通りのサロン再開。オルガンもバーデン＝バーデンより復帰。パリ音楽院声楽教授に就任（→75年辞任）。
1874：ブジヴァルに別邸購入。ベルギーの名ヴァイオリニストにして息子ポールの師レオナール Hubert Léonard に捧げた《ピアノとヴァイオリンのためのソナチネ》を、サル・プレイエルにおけるフランス国民音楽協会主催のコンサートにてポールと共演：同コンサートシリーズにて、フォーレと自作連弾曲《序奏とポロネーズ》を共演。
1875：パリ音楽院辞職（自ら1人で教育全てに当たるため）。
自宅でのレッスンでは、各生徒にふさわしい教材を用意、常に伴奏も担当。
1877：甥のシャルル＝ウィルフリド・ベリオ Charles-Wilfrid Bériot をソリストとしてグリーグのピアノ協奏曲を試演、オーケストラのピアノ伴奏パートをポリーヌが担当、フランス初演を果す（公式初演は翌年）。
1884：サンジェルマン・デプレ通りに転居。
1885：カヴァイエ・コル製オルガンをムラン Melun の教会に寄贈。
1886：サン＝サーンス《動物の謝肉祭 Carnaval des animaux》をリストの要請で自邸にて再演（4月2日）。
1891：ピアノによるパントマイム作品《日本にて Au Japan》パリで初演。
1892：《ドン・ジョヴァンニ》自筆楽譜をパリ音楽院図書館に寄贈（現国立図書館蔵）。
1896：《日本にて Au Japon》を出版。ロンドンで再演？
1904：このころピアノ曲の出版相次ぐ。

ポリーヌの器楽作品

まずはハイトマンVWW〔B68〕、Waddinngton〔B51〕による作品目録を参照のこと。

（　）内の数字はWaddington による出版もしくは初演年を示す。

＊ピアノ独奏曲：
・ワルツValse（１８５５）
・パヴァーヌPavane（１８６６?）
・ピアノのための２つの小品：ガヴォットとセレナードDeux pièces pour piano; Gavotte et Sérénade（１８８５）〔後者は自作歌曲VWV1120, 1884からの編曲〕
・バレエのための２つのエールDeux airs de ballet（１９０４）
・マズルカMazourke（１９０５）
・うまいぞ、ペピータ！Alza Pepita!（１９０６）
・日本にてAu Japon：パントマイムのためのピアノ音楽Musique de pantomime（１８９６）〔先立つ１８９１年頃、ポリーヌ自身が室内楽用に編曲を試みたスケッチを含む楽譜がハーバード大学ホートン図書館に所蔵されている〕
なお、Waddingtonでは２台ピアノ用もありとしているが、真偽不明。

＊ピアノ連弾曲：
・序奏とポロネーズIntroduction et Polonaise（１８７３）

・アルメニア組曲 Suite arménienne（1904）〔〝それでもQuand même〟との副題あり〕
・ボヘミア行進曲 Défilé bohémien（1905）

＊室内楽：
・オーボエとピアノのための作品 Composition for Oboe and Piano（1842、おそらく未刊）〔ポリーヌのサイン入り自筆楽譜をニューヨークのピエモント・モーガン図書館が所蔵〕
・ピアノとヴァイオリンのための6つの小品 Six morceaux pour piano et violon（1868）
・ピアノとヴァイオリンのためのソナチネ Sonatine pour piano et violon（1874）
・ピアノ、ヴァイオリン、タンブリン、トライアングルのための小組曲 Petite suite pour piano, violon, tambourin et triangle（1866、ただし未刊＊）

＊編成不明：
・軍隊行進曲 Marche militaire（1871）〔VWVでは1867、フルート2、イングリッシュホルン1、ピッコロ1、とある〕
出版に際してプロシャ国王ヴィルヘルム1世に献呈？

＊フィナーレのタランテラはp24に掲載したモーリス・サンドのカリカチュア（1873）との関連を思わせる。2年後の「6つの小品」のフィナーレも同じくタランテラ。両作品の関連も濃厚だ。

6章　社会参画とポリーヌ：カンタータ《新しい共和国》をめぐって

津田ホールと女性作曲家のコンサート

およそ15年にわたって女性作曲家とその作品を実演で紹介してきたシリーズの、大きな目標として、私はポリーヌの１００回目の祥月命日に当たる２０１０年５月18日、東京・千駄ヶ谷の津田ホールにて、「歌うヴァイオリン―ヴィアルド一族の室内楽」を開催し、ポリーヌのヴァイオリンのための作品２つ、長女ルイーズのピアノ四重奏曲２つ、末子ポールのヴァイオリン独奏曲２つを合わせ、満席の聴衆にお楽しみいただいた。

そして２０１２年３月24日には、ふたたび津田ホールにて、「ポリーヌ・ヴィアルドと〈うた〉」と題して、歌曲、二重唱曲、歌心あふれるピアノ曲、室内楽曲、ピアノ連弾を組み合わせた３部構成により、１年前の３・11、あの東日本大地震と原発事故という未曾有の惨禍への慰めとなるよう願いつつ、コンサートを実施した。

また、昨２０２１年に実施した２００歳の誕生日コンサートでは、晩年に際立つ民謡風で簡潔な造りの歌とピアノ曲を中心

に、改めてポリーヌの音楽性を問い直してみた。本音を言えば、没後100年との継続性を持たせて津田ホールで開催したかったのだが、それは以下の理由で、諦めざるをえなかった。

オリンピック向け再開発の煽り？で消えてなくなってしまった津田ホールこそは、津田塾大学創設者・津田梅子の名を冠した、クラシック音楽界では例外的な、実に貴重な施設であった。JR千駄ヶ谷駅前という立地、客席数およそ400という規模、響き過ぎず音の一つ一つが鮮明に聞き取れる音響設計は、女性たちが得意とした歌曲や室内楽にとって、まさにこれ以上望みようのない環境のホールであったのに……。

定年退職の年に、その津田塾大学にて半期のみながら非常勤講師として「女性／音楽／ジェンダー」をテーマに講義する機会を得た私は、結局5回、「津田ホールで聴く女性作曲家」シリーズを実施できた。大学理事会が当初企画に全面的な賛同を表す中、3回目までは大学主催あるいは協賛を得られたものの、残る2回は私個人の主催で行うこととなった。日々埋もれていた女性作曲家の再評価・新発見が続く今、クラシック音楽界のMeToo運動として理想的なここ、津田ホールにて、なかば永続的に女性作曲家のコンサートができるのでは…との夢は、儚くも潰えてしまった。とはいえ最終第5回（2015年1月9日）に、「平等と自由を求めた女性作曲家たち」として、あるいは革命を潜り抜け、あるいは女性の自立を掲げて、果敢に活動したフランス、ドイツ、スウェーデンの女性たちを紹介できた

「平等と自由を求めた女性作曲家たち」
上はルイーゼ＝アドルファ・ルボー；
下はエルフルーダ・アンドレェ　▶

ことをもって結果良しとするほかなかろう、と自らを慰めている次第である。

それにつけても、今や世界のいたるところ、戦争と資本の暴力によって、ポリーヌやサンドの理想とするロマンティスムとはかけ離れた空虚なさまが広がっている……なんとかならないものか。

生涯のあらまし・補足

本書の刊行を1日も早くと願うばかりに、2章「生涯のあらまし」を『女性作曲家列伝』（1999年）からの再利用で済ませたため、当時関係資料を入手していなかったカンタータ《新しい共和国》には全く言及していない。さらに言えば、晩年のポリーヌをめぐっては、さまざまなバイオグラフィーを読みこなさぬまま、あまりにもあっさり通り過ぎてしまった*。

そこで、本章のテーマに入る前に、まず晩年の生き方を補足し、200年コンサートを実施した人間としていくらかでもポリーヌへの責任を果たしたいと思う。

最新の日本人書き下ろしのフランス音楽史として評判の本でも「有名なオペラ歌手」の一言で片付けられているポリーヌだが、その訃報と死後に判明した事実は、2章で紹介したとおり、いちはやく森鷗外によって2回、日本に伝えられていた（『椋鳥通信』1910年6月10日、および7月7日）。そこではガルシアの娘でマリブランの妹、オペラ女優として全ヨーロッパを巡演したというだけでなく、作曲や執筆も手がけ、また遺産と著作権すべてを託されたほどロシアの文豪ツルゲーネフと親密な関係にあったことまで

＊ポリーヌの「社会参画」とこの後に取り上げる「ジャポニスム」に関しては、巻末参考資料の〔B68〕である程度論じている。

もしっかり記述されている。グローバリゼーションが情報や価値の一元化を加速させている21世紀の今に引き付けて考えると、１００年前のほうがよほど多様な刺激に恵まれた時代であったことに驚くとともに、改めて現況を嘆かざるをえない。

ロシア社会との関係

１８４３年のツルゲーネフとの運命的な出会い以降、ポリーヌに関して、ロシア社会との交流が及ぼした影響はいかばかりであったのか？　４子をもうけた夫ルイとツルゲーネフが相次いで死去した１８８３年まで、２人と神秘的な芸術上の（？）三角関係を全うしたと推測されるポリーヌ。のちに名ヴァイオリニストと讃えられる末子ポールの父をツルゲーネフとする説は、トロワイヤなどロシア研究者の間で根強いらしい――と曖昧に言うのは、私がキリル文字を解さず、したがってツルゲーネフとヴィアルド一家との親密な関係に論及したロシア語資料を利用することが全くかなわないためである。だがルイはもともと『ドン・キホーテ』のフランス語訳者として知られ、ポリーヌがスペイン人でなかったら結婚しなかったであろうと思われるまでのスペイン愛好家であった。またポリーヌも、姉マリアがベリオとの正式の結婚前にいわば婚外子を生んだこともあり、周囲の歌手仲間の振る舞いを慮りつつ、自らの行状も厳しく律した生活ぶりであったという。

男２人が狩の趣味を共有したのも、当時のヨーロッパにあっては、単に狩猟のスリルを楽しむためではなく、自然環境や動物保護の営みへと連なる意義もあったとされている。私自身、かつて16世紀フランス語歌曲を専門としていたころ、クレマン・ジャヌカン・アンサンブルのＣＤ『狩りの歌 La chasse et autres chansons』* の解説を執筆するに際して、ルネサンス期に、さらにはわが江戸時代の日本でも、同様の社会思想が浸透していた事実を初めて知り、先人の生きる知恵の奥深さに畏敬の念を感じた記憶がおぼろに蘇ってきた。

ツルゲーネフとポリーヌ、そしてルイ

作品のフランス語訳を引き受けたほどに、夫ルイは17歳下で当時駆け出しのツルゲーネフの才能を敬い、妻に対する若々しい情熱を寛恕したのだと見る向きもある。なにより、このロシア人作家がポリーヌにめぐり会う前に故国で使用人女性との間にもうけた娘を、夫妻はパリの自邸に呼び寄せ、家族同然に養育しているのだ。ただし、このペラゲア〔のちポリネット・ブリュイエール。なんと、ポリーヌの愛称まで与えていたのだ！〕をめぐっては、やはりさまざまな葛藤が生じたらしく、同じ歳ごろゆえに遊び相手とされた長女ルイーズとは折り合いが悪かった。養母たるポリーヌに対しても、ポリネットは成長するにつれて反抗的になっていく。実の父がポリーヌの支配下に置かれている有様を見るのが耐えられなかったらしい。しかし、ルージュモンのガラス工場の経営者という実業家ガストン・ブリュイエールと娘の縁談を成立させたものの結婚費用の調達に窮したツルゲーネフから依頼されると、ヴィアルド夫妻はそれを肩代わりするなど、きちんと面倒を見ているのだ。１８６５年には結婚式が無事執り行われたという。それゆえ、「父の死に際しては後追い自殺を試みたほど――母とツルゲーネフとの間に怪しむべき事柄は一切ない」という娘ルイーズの証言も無視してはなるまい。

＊原盤は 1987 年の録音、ハルモニア・ムンディから出ている〔harmonia mundi France 901271〕。1991 年にキングインターナショナルからリリースされた『狩の歌』〔KKCC-78〕。

肉親や親しい友人が次々と没して経済的な不自由にも見舞われた晩年、ポリーヌに新たな難題が降りかかった。ブジヴァルのヴィアルド邸に隣接する終の棲家「トネリコの家 Les Frênes」において作家の最期を看取り、遺体をロシアに送るべく次女クローディ夫妻を遣わすまでの献身を見せたポリーヌ。だが娘夫妻からの便りでペテルスブルクでの盛大な葬儀の様子を聞き知った後に、金銭と創作などの全面に及ぶ作家の遺産処理をめぐって、ロシア側からさまざまな要求や疑念を突きつけられたというのである。鷗外の『椋鳥通信』が伝えるように、「ツルゲニエフは少なくない財産と著作権の全部をポオリイヌに残して遺った」はずなのだが……ところが、ポリーヌ自身がこれについては完全に沈黙を保ったため、その顛末は今では誰も知りえない。真偽がどうあれ、ロシアとフランスの文化交流が、ツルゲーネフとポリーヌ、そしてルイの類まれな連携によって拓かれた事実を省みるなら、歴史とはなんと頼りなく、皮肉なものであろう。

要求に応じて前衛風にも古典派風にも自在に作曲様式を使い分けたポリーヌ。その豊かな創造の才は、自ら台本も書いた《シンデレラ》をはじめとするオペレッタや、伊、仏、独、英、露と数か国語にわたる歌曲などが証明している。

しかし作曲家としてのポリーヌの真価は、当時から今に至るまで、研究者仲間でも、し

狩人ツルゲーネフ(左)▶
狩人ルイ・ヴィアルド(右)▶

かるべき評価を得ていたわけではなさそうだ。サンドを介してとりわけ親密なつながりがあったショパンが、ポリーヌの編曲になる自らのマズルカの伴奏を喜んで受け持つとともに、彼女自身のスペイン風歌曲を「これ以上のものを作曲できる人はいないのではないか」とワルシャワの家族宛ての手紙に記しているほど（ノアン、1845年7月16〜20日）なのに……。私が『列伝』執筆当時に最も重要な参考資料としたフィッツリヨン〔B15〕も、もとはツルゲーネフの専門家であったためか、ポリーヌの創作についてはほとんど否定的に触れるだけで、無視する構えである。これに対して、外国の文学者であるツルゲーネフに関しては、ブジヴァルのツルゲーネフ記念館はじめ、その遺徳を顕彰する施設が複数フランス国内に現存することは、納得しがたい。この落差はいったいなぜなのだろう？

一言で言えば、文学と音楽のメディアとしてのあり方の決定的な違いである。ひとたび書き下ろされれば、文学は出版物であれ、手書きであれ、それは容易に他者の眼で鑑賞され、記録として生き永らえる。だが音楽は、たとえ楽譜があろうとも、生身の人間が再現してみせる・聴かせるという回路なしには、他者や社会の間に拡まるはずがない。生きた音としての証拠がないからだ。作曲した本人がサロンなどで披露することはもちろん19世紀音楽文化の根幹をなしていたが、それとて、自作自演できる当人が死んでしまえば、それっきり、絶えて終わる。女性の場合、それこそが歴史から消し去られた最大の因であるとは、私もいやというほど繰り返し確認させられた冷厳な歴史の事実である。CDやYouTubeからさまざまな音楽を繰り返し取り出せる現在との決定的な違いを今こそよくよく念頭に入れて、当時の音楽の世界を再構築していく必要があろう。

ポリーヌは子供たちと教え子に囲まれて安らかに自宅で永眠した。享年89歳。２日後にサント・クロチルド教会で執り行われた葬儀では、サン＝サーンスとマスネが弔辞を読み、カリッシミのモテット《ヴルネラ・ドローリス》とフォーレの《レクイエム》が葬楽として選ばれた。訃報も多数出たが、当時のメディアも一般世間も、ポリーヌを実際に聴いた人はすでにほとんど亡くなっており、追悼の記事内容もしたがって大方過去の記述の寄せ集めだったらしい。

ここで詳しく説明する暇はないが、どうしても書き残したい奇縁が一つある。没後１００年コンサートを偶然知り、津田ホールでお聴きくださった千駄ヶ谷在住の文筆家の女性が、パリ滞在中に、ポリーヌの孫、つまり末子ポールの息子であるジャック＝ポール・ヴィアルド夫妻から娘同様にかわいがられた、とアンケートに記されていたのだ*。仰天した私は早速連絡を取り、ホール併設のレストランにて、じっくりお話を聞いたが、その方もやはり、作家ツルゲーネフが優遇されるのは当然、歌手は本人の声が聞けない以上存在しないに等しい。加えておそらく初めて聴いたのであろうポリーヌの作品に関しても、かなり否定的な口ぶりで、ツルゲーネフの創作にはとても及ばない……というご意見だった。私には、こうしたエリート女性でさえも男性中心の感性に染まって、未知の女性作曲家に対してはどうせ大したものではないでしょ、と聞く耳持たずの構えであったのでは、と思わされて、本当に落胆した。

ちなみに２０１０年の夏、私はコンサートの報告もかねて、念願のモンマルトル墓地に

＊谷澤由紀子連載記事〔B22〕。加えて〔B20〕の著者 Jeanne Viardot こそ、ジャック＝ポール・ヴィアルドの妻である。

上・モンマルトル墓地のヴィアルド家＋夫妻の墓碑。Ⓒ Xavier Martin-Dupont
下・ポリーヌ没後100年の際の墓参風景。バルビエ・ジギルスキ、フリアンなど。上下とも〔B78 p.6〕

ポリーヌを弔おうと出向いた。ところが、当の墓地公園にはポリーヌの墓をはっきりと示す表示板がなく、なかなかその場を突き止められない。ようやく出会えた清掃係の男性から道順を教えてもらい、たどり着くことができたのだが、日本からの参詣者までも数多く訪れて賑わい、花束やカードが絶えないペール＝ラシェーズ墓地のショパンの墓とは、なんと違うことか！　ポリーヌの墓は、もともとルイ・ヴィアルドと一族のものだったようで、ポリーヌは「嫁」扱いで片隅に入れてもらっているという感じがぬぐえない。やっと行き着いたその墓碑の周りには雑草が高く生い茂り、墓碑に刻まれた名前もほとんど見分けられぬ有様――まさに不当に無視された存在を象徴するかのような侘しさであった。

社会参画への意思表示、カンタータ《新しい共和国》

さて、やっと本題に入ることになる。

ポリーヌが41歳で早々と舞台を諦めたわけは、その声が一般受けする甘美な柔らかさに欠け、渋みの強いメゾ・ソプラノだったことと、もう一つ、マネージャーでもある夫ルイ・ヴィアルドが共和制を信奉する左翼言論人であったことが舞台契約上不利に働いたためでもあったようだ。ポリーヌも夫と志を共有した明白な証がいくつかある。

まずは、歌の教え子だった女性が、師の存命中の1901年にオマージュとして書き上げた文章〔B6〕から引用する。

若きポリーヌのペテルブルクにおける舞台に感激した慈善家のロシア貴族がいた。そしてその屋敷に居候していた貧しいイギリス女性が、その恩人たる貴族母娘の、ポリーヌの自筆があれば一家の宝物にしたいと熱望する様子に心打たれ、ポリーヌ宅を訪れたところ、自筆は贈らないことにしている、と一旦は断られたものの、諦め切れず引き返した女性が、自分が恩に報いる道はこれ以外にない、と涙ながらに嘆願すると、やおらポリーヌは書き物机に向かって数語書き連ね、署名した紙片を女性に手渡したという。

もう一つは、年譜に示したとおり、19世紀フランス社会の変動と関連する活動を行っていることである。音楽とは直結しないが、1862年にサン・シモン派の1員であるエリザ・ルモニエが創設した「女子職業協会」の趣旨に賛同して資金援助を行ったエピソードである。ポリーヌに関してはこれ以上のことは記述がなく、金額などが不明なのは残念だが、ポリーヌの伝記や音楽書ではまったく見当たらないこの貴重な情報を伝えてくれたのは、サンドの自伝を翻訳した加藤節子の著書*『一八四八年の女性群像』〔B40〕である。そこでは1848年にポリーヌが作曲したカンタータ《新しい共和国》にも触れていた。

7月王政を打倒して、半世紀ぶりに実現した民主・共和制（2月革命）を祝うために発案されたこのカンタータについては、当然ながらバルビエもフィッツリヨンも、簡単に言及しているが、それは一体、どのようなものであったのか。以下、サンドとポリーヌの往復書簡―1839-1849〔B14〕なども参考に、わかる範囲のことを記しておきたい。曲目の説明は、2010年没後100年コンサートを終えた後に訪れたパリ国立図書館〔BNF〕で入手した楽譜コピーに基づいている。

1848年2月の共和制宣言、普通選挙法などを承けて4月6日、共和国劇場（現コメディ・フランセーズ）で行われたこの《新しい共和国》の上演は、あらかじめ市庁舎でくじ引きされた無料チケットのおかげで超満員であったという。当時人気の高かった労働者詩人ピエール・デュポンの歌詞に付けたこの作品の独唱パートは、のち《預言者》で共演することになるフランスの名テノール、ギュスタヴ・ロジェが歌った。ただし、この独唱パートはポリーヌの歌曲によくみられるように、ソプラノあるいはテノールと指定されている。ジョルジュ・サンドは作曲したポリーヌ自身の登場を強く望んだものの、そのころ頭痛に悩まされていたポリーヌは、結局自ら歌うことはできなかったようだ。

合唱部分は、三色旗の飾り帯を締めた白いモスリンのドレス姿のパリ音楽院の女生徒お

＊加藤節子訳、ジョルジュ・サンド『我が生涯の記』全３巻、2005年、水声社刊〔B4〕原著は1847年執筆開始、連載読み物として全20巻にまとめられ、1855年に「ラ・プレス」社から初版が出た。2月革命および当時の社会情勢、またサンドがいかに真実の民主主義、民衆の幸福を熱望していた人物であるかについては、訳書の第3巻収録の訳者後記（p310～312）を是非読まれたい。

だが、詩人テオフィル・ゴチエ*による当日のレポートでは、女声合唱として語られている。当時はオーケストラ版もいちはやく出版されたらしい。合唱は譜面で見る限り混声のはずよそ50人が受け持ったとのこと。BNF所蔵の楽譜〔Fol.Y 709〕はピアノ伴奏版であるが、

作品は変ロ長調、行進曲のリズムに乗った序奏に導かれて歌いだすソロと合唱が入れ替わる全59小節の簡潔な造りである。付点リズムと三連符を活用した勇壮果敢な音調が効を奏したものか、加藤によると「傑作」と評されるほどの成功を収めた。体調が思わしくなかったポリーヌ自身は演奏に参画しなかったが、この記念すべき革命のための作曲を強く促したのはジョルジュ・サンドその人である。ショパンと離別、娘ソランジュの不幸な結婚も重なり、かなり落ち込んでいたこの年、サンドにとっては「新しい共和国」の誕生はまさに起死回生の出来事だったにちがいない。1843年に「独立評論」を共に興した長年の同志ルイ・ヴィアルドとポリーヌを結婚に至らしめたサンドの戦略は、ここでも実利ある成果をもたらしたと言えよう。

なお、前記往復書簡によれば、このカンタータは「第2のフランス国歌」、言いかえればもう1つの「ラ・マルセイエーズ」を定める愛国歌コンクールで第3席にあたるブロンズ賞を獲得したという。その審査員の1人がサン・シモン主義に与する音楽界からの代表者と見做されたフェリシアン・ダヴィド Félicien David（1810〜76）だった。当時のフランス人もすでに感じていたのか、「ラ・マルセイエーズ」の歌詞はあまりに好戦的で血なまぐさい。もっと平和的な表現を、との想いは少なくとも共和制を希求する人々の

＊ゴチエがポリーヌのコントラルトの声を、両性具有の摩訶不思議な魅力と讃えていたことは、3章でも紹介した通り。

間では抑えきれなかったのであろう。音楽史と社会史がじかに交錯するこの興味深い事実と、民衆の要求に見合った国歌を造る動きをめぐっては、１９８６年にアメリカの研究者がすでに詳しく論じている〔B26〕。ただ、そこではポリーヌ作曲の《新しい共和国》をめぐる事情についてはわずかに注記されているだけだ。そもそもフランス国歌の成り立ちをめぐるポピュラリティを鑑みれば、これは奇異にさえ思われるのだが……とりあえず以下、楽譜に記されていた全３節の対訳私案を掲げておく。

《新しい共和国　La jeune République》作詞：Pierre Dupont／作曲：Pauline Viardot

Paris est sorti du tombeau	パリは墓から抜け出した、
En renversant la sentinelle	障壁を打ち砕き、
Il répand la bonne nouvelle	素晴らしい知らせをもたらした
Radieux comme un Christ nouveau	若きキリストさながら光輝いて
Bouches de fer, canons, fusils,	鉄の吹き口、大砲、小銃
Tambours, clairons,bouches de cuivres	太鼓、ラッパ、金管楽器取り揃え
Apprenez à tous les pays	全ての国に伝えよ
Comment la France a su revivre.	いかにフランスが蘇ったかを
Peuples, venez de toute part	人々よ、国中から来たれ
Voir la République nouvelle	新しい共和国を見るために

Douce autant qu'elle est grande et belle
Formidable comme un rampart
Frêres, serrons nous autour d'elle!

優しくも偉大で、かつ美しく、
砦さながらの巨大なさまを
兄弟よ、ここに寄り固まろう！

Que ferons nous le lendemain
Les nations sont dans l'attente
L'abysse est au bout de la pente
Si nous succombons en chemin
Au lieu d'enterrer ton argent,
Riche, en proie aux fausses alarmes
Va plutôt dire ā l'indigent:
Serrons nous comme un faiseau d'armes!
Peoples,venez de toute part
Voir la république nouvelle
Douce autant qu'elle est grande et bele
Formidable comme un rampart
Peuples, serrons nous autour d'elle!

これから何をすべきか、
国民は待ち構えている、
暗闇は今や出口に近い
道半ばで屈服するのであれば
その金を土に埋める代わりに、
富者よ、偽の警報を轟かせて
貧者に告げるがよい
武器の束のように団結しようと！
人々よ、国中から来たれ
新しい共和国をみるために
優しくも偉大、かつ美しく
砦さながらの巨大なさまを
人々よ、ここで寄り固まろう！

Pauvres filles qui périssiez,
Comme les roses sous le givre,
La République vous délivre
O vous tous qu'on foulait aux pieds!
Tes autres fils seront jaloux
O République, notre mère
Si tu ne donnes, comme à nous
A tous les peoples ta lumière!
Frêres, venez de toute part
Voir la république nouvelle
Douce autant qu'elle est grande et belle
Formidable comme un rampart
Frères, serrons nous autour d'elle!

貶められた哀れな娘たちよ
氷に閉ざされていた薔薇のよう、
共和国はあなたたちを救い出す、
おお、踏みつけられていた娘たち
息子たちはあなた方を羨むだろう
おお、共和国、われらが母よ
私達に与えられるごとく
その輝きを民衆すべてに与えられよ
兄弟よ、どこからでも来たれ
新しい共和国をみるために
優しくも偉大、かつ美しく
砦さながらの巨大なさまを
兄弟よ、ここで寄り固まろう！

19世紀最大の傑出した音楽人というべきポリーヌが、親友のジョルジュ・サンドに励まされ、最良の同志でもある夫ルイ・ヴィアルドとともに、民衆への明るい未来を提示しようとしたこの音楽の意義は、何度繰り返しても足りない。加えて、最後第3節では、フランス革命人権宣言でさえ不当にも無視した女性の復権もしっかり謳われている。ここにフランス・フェミニズムの芽生えの一端が窺えると言ってしまえば、早計であろうか？

作詞者ピエール・デュポンについては生没年も不明だし、どのような実績があったのか、わからない。だが、男性ながら女性を対等に遇する発想は、あくまで労働者階級の出身だからであろうか？ ただ1つ解せないのは、女性の復権を謳いつつ、最後の呼びかけが、〝兄弟よ Frères〟と、第1節と同じ男性に向けてなされていることだ。これではこのあと取り上げるオーストリアの貴族女性の態度と比べて、どこまで女性の権利復興を突き詰めて考えているのか、うっすら疑念も浮かんでしまうのだが。

すでに触れたとおり、このカンタータは第2の《ラ・マルセイエーズ》を定める愛国歌コンクールに供されたものの、その企画自体は頓挫した。あの《ラ・マルセイエーズ》は1789年の革命以降今なお変更なく、国歌としてゆるぎなく継承されている。ついでに言うなら、愛国歌コンクールの主査であったらしい作曲家ダヴィドは、空想的社会主義、と見下した呼び方をされるサン・シモン派の思想の持主に似つかわしく、どこまでもロマン的な作風を貫いていた。歌曲や室内楽などの優れた作品が多数あるが、サン・シモン主義の布教のために訪れたアフリカなどの地で出会った異教的な表現に満ちた音楽に捉えられ、爾後、西洋のそれとは異なる表現様式、いうなればオリエンタリズムへの傾注でも知られるようになっていく。いずれにしても、ダヴィドはフランス音楽の軽視、とりわけ19世紀ロマン派の時代にはドイツ音楽ばかりがもてはやされ、フランス人自身がこの時代のフランスを「空白時代」のように扱っていることに対する強烈な反証となりうるフランスの作曲家の1人、と言えよう。

ちなみに、〝国〟を象徴する語がフランスでは〝母 Mère〟であるのに対し、オーストリアが〝父 Vaterland〟である対照も面白い。だが、グローバリゼーションが良くも悪くも全世界を覆っている今、そもそも「国歌」とは何だろう？　と考え直すことが必要かもしれない。それに、自分たちの国だけを讃える歌をというなら、「国境」まで問い直さなければならないのでは……まさに現下のロシアとウクライナの戦争からは、そのポイントも炙り出だされていると思われる。

戦争と国歌と女性――ポリーヌに続く女性たち

「今どき男だけを歌う市民の歌でいいの？」富山の女性たちの、この鮮烈な問いかけに私が飛びついたのは、2011年、オーストリア国歌が同類の物議をかもしたことを思いだしたからだ。女性作曲家無視を筆頭にすべてが男目線であり、それを無自覚に支えているのは女性、という哀しい現実を何とかしなければ！

右は2019年6月、富山市の女性グループ、シャキット富山から講演のご依頼をいただいた際の返信メッセージである。富山市が公費でさる有名作家に依頼してでき上がった「富山市民の歌」が、昔も今も富山の男たちは素晴らしいなどと、男ばかりをほめそやしている、という批判やら苦情やらがネット上で飛び交っているのを見つけ、たまりかねて一言口をはさんだら、意外や当地からお声がかかったという次第である。私が大喜びでお引き受けしたのは、その問題の作家が女性だったことが決定的だった。

1942年生まれの私は戦中派というべき人間。だが、うっすらと疎開の記憶は残るものの、飢えたことも、まして命の危険にさらされた経験もない。敗戦後からずっと「平和」を意識するまでもなく、平穏で当たり前な暮らしを続けてきた。それが満80歳を過ぎた今、憲法9条の意義をかみしめなければならぬほど戦争への道まっしぐらという現実を前に、音楽研究と生きる背景が両立し得るのか、と悩むばかりの日々である。しかし、「このようなときに、戦争を視野に入れない研究をなぜ専攻できるのか」――亡くなる前年の2006年、イラク戦争後の世界の騒乱・暴力化を踏まえて故若桑みどりさんが発せられたこの文言こそは、平和憲法さえ風前の灯というこの2022年、いっそう説得力を増し、さらに広く共有されなければならないだろう。

以下、戦時に切り離せない「国歌」という観点と女性の人権をも視野に、ポリーヌ以外にも同時代者として積極的な態度表明をした女性音楽家を紹介する。（なお以下は、主に玉川裕子編『クラシック音楽と女性たち』〔B75〕所収の私のコラム「平和と平等を願う女性たち」に補筆・修正したものである。）

オーストリア国歌を変えさせた女性たち

ポリーヌの没後100年を隔て、国歌の歌詞を変えさせたというなんとも羨ましい事例に遭遇した。発端はとあるジェンダー関連のメーリングリスト情報と、購読紙の夕刊記事（2011年12月8日、東京新聞）。オーストリア国民議会が、国歌の1節「偉大な息子たち Söhne の故郷」に「娘たち Töchter」を加えることに正式合意、翌年元日からこの改正版で歌われることになったと伝えた。ところが、これに「非文化的な行為」と断固反対した女性議員がいたというではないか。ただし、それが極右政党の1員だったときけば、

「やっぱりねぇ」で済ませられるが、改正前の作者までが女性だったという事実には何とも驚くばかりであった。ここからまた別のジェンダー問題が露呈するからだ。ナチによる併合の歴史を克服する目的もあり、第2次大戦後の1947年、新しい国歌を作るべく公募で選出されたのがパウラ・フォン＝プレラドヴィッチ（1887〜1951）。彼女が戦争への反省もなく女性排除をやってのけた理由は、出自が貴族ゆえいわば「名誉男性」化したエリート女性だったからか。弱者や疎外された存在に目配りするフェミニストの視点は持ち合わせなかったのだろう。ポリーヌのカンタータの作詞者が労働者階級出身だったという事実と考え合わせると、歌というものは階級問題までも反映するほど実に厄介だが、それだけに影響力も大きいということになろう。

とはいえ、今回の改訂に際しては、同国の女性担当相たちが繰り返し改訂を求めてきたところ、2010年にある女性歌手が教育キャンペーンで「娘たち」を加えて歌ったことから議論が活発化した、とある。やはり変革をリードしたのは各層の女性たちだったのだ。なお2019年には、ドイツでも国歌の歌詞を変えよ、という提言が性差別反対運動の女性リーダーからなされた。有名なハイドン作曲の旋律に載せた歌詞が、「祖国」を“Vaterland”、「心合わせて手を結び」を“brüderlich”と、オーストリア同様男性形の言葉で表しているからという。あれっと思うのは、当時のメルケル首相が、現在の国歌に満足している、と改訂に否定的だったことだ。* やれやれ、ジェンダー問題は本当に一筋縄ではいかない。

＊東京新聞：「木村太郎の国際通信」（2019.6.4, 東京新聞朝刊）

参政権獲得のために闘った女性たち――スマイスとグレンダール

ポリーヌが没した翌年、闘うフェミニスト、エセル・スマイス Ethel Smyth（1858～1944）がイギリスの女性参政権運動の渦中にその応援歌として合唱曲《女性たちの行進 The March of Women》（1910）を書いたことは、すでに私自身も何回か触れている。だが何より、あの『椋鳥通信』で鷗外が、この傑出した闘うフェミニスト音楽家と、その参政権運動の応援歌についてしっかり報告していた事実を、しつこいようだが再確認しておきたい。

このスマイスに10年先だって、もう1人、女性参政権がらみの作品を残した女性作曲家を紹介しておこう。ノルウェーのアガーテ・バッケル＝グレンダール Agathe Backer-Grœndahl（1847～1907）である。こちらについては、さすがの鷗外も見逃していたようだ。

アガーテについては、結婚前からのピアニストとしての名声に加え、4人の子供の育児の傍ら書き上げた清冽で美しい歌曲とピアノ曲が知られるが、実は晩年、確固たる意思をもって社会参画を果した女性でもあった。オスロ国立美術館に作品が展示されている画家の姉ハリエットとともに、母国の婦人参政権運動に邁進した結実である女声合唱用カンタータ《新年の夜明け Nytaarsgry》を、自らの指揮で演奏したのだが、「それは美しく荘厳な響きをもち、あたかも奉献歌のようだ」と評されたという。

歌詞を書いたギーナ・クローグはアガーテと同年に生まれ、女性解放機

◀ハリエット・バッケル画『自宅にて』

関誌『新しい国』編集長を務めた政治家で、1880年のイギリス留学に際し、母国ノルウェーではさほど話題になっていなかった女性参政権運動の理念を学んだというから、エセル・スマイスの活動に先駆けた存在でもあった。また、このカンタータが捧げられたオースター・ハンステーン（1824〜1908）はノルウェーにおけるフェミニズムのパイオニアと称される女性である。いつも乗馬用の鞭を手放さず、過去から現在にかけ女に加えた侮辱と暴力にたいする懲罰として、行き交った男をだれかれ構わず打ちのめしたというから、凄い！クローグの歌詞もこのハンステーンの精神をあますところなく汲み上げて、『新しい国』の表紙を飾るひまわりの花を光と大気を求める女性の権利の象徴に喩え、とくに女性／母親の愛が地球と人類を救うのであり、アガーテのカンタータをその予兆と解釈したと伝えられる。録音源がないのはいかにも残念だが、ノルウェー大使館のご厚意で《新年の夜明け》の楽譜は入手済みである。スマイスの《女性たちの行進》、そしてもちろんポリーヌの《新しい共和国》と並べて、女性・女声合唱団による「自由と平和のためのコンサート」が開催できるよう、願うばかりだ。

北欧の男女平等運動の先駆者——アンドレェ

同じ鍵盤楽器でもピアノとは対照的に、女性が長らくアクセスできなかったのがオルガンだ。「教会で女は黙すべし」というキリスト教の通念に沿って、オルガン台に上ることも禁じられたからだが、その厳しい障壁を突き抜けたのがスウェーデンのエルフリーダ・アンドレェ Elfrida Andrée（1841〜1929）である。鍵盤楽器奏者としてのポリー

◀エルフリーダ・アンドレェ

◀アガーテ・バッケル＝グレンダール

エセル・スマイス▶

ヌがオルガンもよくした旨を記したが、それはあくまで自邸内にパイプオルガンを設置できたガルシア＝ヴィアルド一族なればこそ、であっただろう。その意味からすると、やはりクラシック音楽に関わる人間は緒から「特権階級」ということになってしまうのか。

由緒ある名門一族に生まれたエルフリーダは、既成権威への徹底した反逆精神の持ち主で2人の娘の養育に専心した医者の父から、周到な音楽教育を受けた。5歳上の姉フレデリカは結婚して国を代表するオペラ歌手として大活躍。一方、オルガンを選んだ妹エルフリーダは、女子の正規入学を認めないストックホルム王立音楽院で「部外者」扱いながら、教会オルガニストの試験に挑戦し合格した。だが、女性をプロのオルガニストとして認めない国法に阻まれたため、その禁令を廃すべく、4年間国会への請願活動を展開して1861年、見事勝利を勝ち得て以後、いくつかの教会オルガニストの地位を得た。

1867年に女性として初めてイエーテボリ大聖堂オルガニスト職に応募、競合する男性7人を圧して勝利、同聖堂の音楽監督も兼ねつつ生涯を全うした。

作曲も子供のころから鍛錬を積み、オルガン交響曲や独奏曲を始め、室内楽や合唱曲など、あらゆるジャンルに多彩な作品を残しており、そのピアノ三重奏曲はとりわけ力強く美しい。

ここでどうしても1つ、書き加えておきたい事柄がある。2020年秋、日本で初めて国立歴史民俗博物館主催にて「ジェンダーの日本史」展が実施され話題を呼んだのをご存じだろうか？　その番外企画として私は「滝乃川学園の石井筆子と天使のピアノ」のタイトルでレクチャーとコンサートを担当することになり、天使を象った彫刻と美麗な燭台を

◀石井筆子
p109注も参照されたい

◀天使のピアノ

備えた伝統工芸品とも言うべきピアノにより、グレンダールと、そしてアンドレェのピアノ小品を計5つ、三好優美子の演奏で紹介した。

男勝り、根っからのフェミニストというと、怖そうなイメージが浮かぶアンドレェだが、そのピアノ作品は実に歌心豊かで、北欧の自然を見事に映し出した傑作ぞろいだ。しかも、レクチャーの準備につれて、筆子が果たした障碍者教育の先駆性、また新しい5000円札の顔となる津田梅子―あの津田ホールの生みの親である！―と筆子とヘレンケラーとの因縁まで知るに及び、言いようのない深い感動を覚えたのである。幸い滝乃川学園でのコンサートは今なお歴博 Youtube にて見ることができるので、ぜひともご覧いただきたい。

アンドレェに話を戻せば、スウェーデン初の女性指揮者としても成功したが、見事な即興の腕前と、溢れる楽想を楽器の表現力最大限に駆使した彼女のオルガン演奏を聴くために、遠路訪れる人も多かったという。生涯独身を通したアンドレェは、女性解放の請願のさなか、これまた男性のエリート職であった電信技術を習得し、スウェーデン初の女性技師となった。教会法改正の闘いと同様、ここでも娘の自立と女性解放を願う父の強力な後押しがあったことを特筆したい。

それにつけても女性の地位向上を掲げ最後まで闘争心を貫いたスウェーデンの「初物」尽くしの女性、アンドレェのこの生き方から、性差別発言が絶えない今の日本こそ、広く知り、学ぶべきではないだろうか。

20世紀フランスのレジスタンスを生きたエルザ・バレーヌ

20世紀フランスには、現代音楽の硬直性とは無縁の美質を備えた女性作曲家が多数いるが、ここではポリーヌ・ヴィアルドの没後6日目に生まれたエルザ・バレーヌ Elsa Barraine（1910〜99）を取り上げたい。

父がチェロ奏者、母が歌手という環境の下で育ち、パリ音楽院で学んで弱冠19歳、作曲の最高権威ローマ大賞を受賞した。時代の変動に絶えず強い関心を寄せるとともに、中国国境近くまで広く旅し、世界の民族音楽や知られざる作品の初録音を軸にしたレコード会社「シャン・デュ・モンド」制作責任者としても活躍する。1969年からはメシアンの後任としてパリ音楽院にて楽曲分析の教授の要職に就いた。オペラやバレエ、映画音楽、交響曲に各種室内楽とピアノ曲、歌曲、さらにはチベット仏典に想を得た音列技法による作品など、大規模で先端を行く本格的な作曲家として認知される諸条件を十分満たしているにもかかわらず、母国フランスでさえ認知度は不当に低い。

バレーヌ作品の音源を私が実際に聴けたのは木管楽器による五重奏曲1曲のみ。しかし、ここにはバレーヌのフェミニストとしての資質が遺憾なく発揮されている。この作品の実態は、女性の創作を評する際の決まり文句を皮肉まじりに踏まえた『女の拵えもの Création de Femme』という総合タイトルのもと、歴史や伝説の女性名を冠した7つの小品とフィナーレから成る変奏曲（1939）である。各曲がいずれも2分以内に収まり、ときに荘重、ときに洒脱な響きを織り成す。CDで演奏しているフランス女性5人によるアンサンブルは、管楽器は女性に不向きとするジェンダー観をあざ笑うような吹きっぷり

◀エルザ・バレーヌ

で、じつに爽快だ。

だがバレーヌについて何より重要なのは、ユダヤの出自に即した音楽活動を一貫して継続した事実であろう。ユダヤ人ゆえに父がオペラ座ソロ・チェリストの職を追われたのは1941年だが、それに先駆け、ヒトラー登場の1933年にはユダヤ人虐殺を告発した作品《ポグロム Pogromes》を完成させている。同じくユダヤ系フランス人で早くから鋭い社会意識で書き続けたアンドレ・スピールの詩に触発された6分ほどの交響詩と伝えられるが、音源も楽譜も手元にないのがまことに残念！　他にもヘブライの詩に基づく作品をいくつも手がけたという。一時共産党の同志ともなった詩人ポール・エリュアールとの協働作業も見逃せない。第2次世界大戦のさなかにもレジスタンスの1員としてナチズムへの抵抗を貫き、音楽家同志の連帯にも大きく貢献した。

ちなみに、戦時下の抵抗活動や自立した女性ゆえに音楽外からも高い関心を集めた日本人もいる。吉田隆子（1910～56）である。バレーヌと同じく、ポリーヌの没年に生まれたという偶然も嬉しい。ポリーヌのジャポニスムへの取り組みにつなげる存在としても、改めて継続的な研究・演奏が望まれる。

この章を閉じる前に、できたばかりの素晴らしい書をご紹介したい。川田忠明のエッセー集『アート×ジェンダー×世界―祈りはどこにあるのか＊』である。

本書がいち早く私の手元にあるのは、「音楽――男の聖典がくずれる時」の章で、「《新しい共和国》――君が代は古すぎる⁉」（2020／10／10）の見出しのもと、女性復権も唱えたポリーヌのもう1つのフランス国歌に関わる活動に言及するとともに、第3節の

＊「婦民新聞」での連載を1冊にまとめたもの（2022年、新日本出版社）〔B89〕

吉田隆子▶

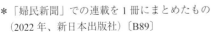

拙訳まで紹介した、とのお知らせを兼ねて、著書を送付してくださったからだ。オペラを取り上げた章に収められた「フィデリオ─忠実な妻という偶像」（2018／6／10）を杉並区女性団体連合（通称杉女連）の会合で偶然目にし、これこそ私が言いたいことじゃん！　と、すっかりファンとなったのだが、他にもエルザ・バレーヌや、ポリーヌをモデルにしたジョルジュ・サンドの小説『コンスエロ』もテーマに語られている。ジェンダー視点でまとめた文芸書をこのように現代の日本人男性が書き上げたとは……私たち女性たちも、もっともっと頑張らなくてはいけない。

▲フランス・女性と音楽協会発行（2006）の『*PARIS AU XIXEME SIECLE le Pari des Compositrices*（19世紀のパリ女性作曲家たちの賭』と題したパンフレットの裏表紙。下段に小さく「女子リセ校におけるピアノ教育─音楽と料理をかけもちする器具」と説明されている

7章　パントマイム《日本にて Au Japon》をめぐって

3・11を経て

２０１０年、没後１００年記念コンサート『歌うヴァイオリン―ヴィアルド一族の室内楽』を祥月命日である5月18日に開催した私は、その2年後、２０１２年3月24日にも、ポリーヌを讃えるコンサートの第2弾を実施した。奇しくもその3月24日が姉の伝説的ディーヴァ、マリア・マリブランの２０４回目の誕生日に当たることは後から気づいた。そもそも2度までもポリーヌを顕彰しようと思い立ったのは、あの２０１１年3月11日（以後「3・11」と表記）を経て心底絶望に陥り、これから自分はどうすべきなのか……と自問自答の結果、本職の音楽で少しでも被災者の、ひいてはこの国全体の、これから生きる糧となりうるよう、自分が最上最善と思える作品・作曲家・演奏家を揃えたコンサートを聴いていただくことだ、と結論付けたためだった。

さて今、ロシアのウクライナ侵略というありえない苛烈な現実に晒されている２０２２年。昨年7月18日の２００歳誕生日を記念して、3度ポリーヌを顕彰するコンサートを終えた私は、その報告を兼ねて、これまでに書き溜めてきたポリーヌ論をなんとか仕上げようと苦闘しているところである。だがウクライナばかりでなく、肝心の足元の日本という国が、防衛環境の悪化？を口実に戦争への道まっしぐら！当たり前のこととして無意識に受け継いできた憲法9条までも改悪されるのではないか。グローバリゼーションの負の側面が噴出し、ロシア／ウクライナ発の危機は世界中を巻き込み、いやでも外国との関係を見直さねばならぬ事態となっている。

私も日仏関係の組織にもいくらかつながりを持つ身として、当該の問題ともつながり合うはずのポリーヌの《日本にて》を是非とも取り上げなければならない。

「3・11」を悼み『ポリーヌ・ヴィアルドと〝うた〟』と題した3月24日のコンサート終了後、パリでポリーヌ研究に携わっておられるミシェル・フリアンおよびジャン＝マルク・ポン＝ダガリエ両氏を介して、ブジヴァルのツルゲーネフ・マリブラン・ヴィアルド協会会長、アレクサンドル・ジギルスキ Alexandre Zviguilsky から、同協会機関誌用に、ポリーヌのパントマイム作品《日本にて Au Japon》を題材に寄稿するよう、メールが届いた（２０１２年1月29日）。

フリアンとはかねてから、作詞・作曲・歌唱・ピアノと、ポリーヌに匹敵するマルチタレントであったフランス女性、オギュスタ・オルメス (Augusta Holmès １８４７～１９０３) への興味から交流があった。そこに没後１００年コンサートのプログラムを送付済みだったフリアンから、彼女自身が企画中のポリーヌ没後１００年記念論集〔コロク〕*に何か書いてみては、と誘われたので、《日本にて》を紹介する簡単な一文をまとめて送ったところ、ジギルスキがこれに着目して、改めて連絡をくれたという次第であった。さらには氏からツルゲーネフ協会が所蔵するポリーヌの手書きコメント付きの貴重な《日本にて》の改変版を、ポン＝ダガリエ経由で郵送していただき（２０１２年5月）、

＊〔B66〕参照のこと

1896年の出版譜との比較も交えて論をまとめては、と提案していただいた。

本章はこのように日仏両国を結ぶ個人的な絆の所産である。でき映えはいかにもお粗末だが、いろいろな場で「音楽史で再考すべき最大・最重要の人物」とまで言い続けてきたポリーヌが、このようにジャポニスムを体現していた事実に接することができた日本女性としての私の喜びに免じて、内容の不備・不足はご容赦いただきたい。

加えて、本書の準備を進める中で、サバティカルで滞仏中（1999〜2000）に入手した資料を改めて再読するうち、ポリーヌと直接交流のあったフランス人がこのパントマイムに言及している記事に初めて気がついた。リディア・トッリジ＝ハイロート夫人Me.L.Torrigi-Heirothによるポリーヌを讃える講演とコンサートの記録である〔B6〕。この女性がポリーヌの直弟子であり、しかもそのイヴェントが行われたのが1901年2月8日だった！　つまりポリーヌ在世中に書かれていたのだから、これがもっとも信頼すべき資料とは言えまいか？ ともかく、この論の内容は、この後随時活用していくこととする。

《日本にて》と同期のジャポニスムによる音楽

本題に入る前に、ポリーヌとほぼ同期の西洋人作曲家によるジャポニスム主題の作品を簡単に整理しておこう。* なお鶴園〔B50〕は、サン＝サーンスからプッチーニまで、およそ10曲のジャポニスム作品があったとしているものの、このポリーヌの《日本にて》については全く触れずに済ませており、同じ日本女性として落胆と怒りを禁じ得なかった。

＊ジョルジュ・サンド「我が生涯の記」第3巻末（p.301）の年表中、1866年に息子モーリスとの共作『日本の百合』をヴォードヴィル座にて上演とある！

⦿カミーユ・サン＝サーンス Camille Saint-Saëns（１８３５〜１９２１）：《黄色の姫君 La princesse jaune》作品30、台本：ガレ（１８７２、パリ、オペラ・コミク座にて初演。１９０６同劇場にて再演）。

⦿アーサー・サリヴァン Arthur Sullivan(１８４２〜１９００)：《ミカド The Mikado》、台本：ギルバート（１８８５、ロンドン、サヴォイ劇場にて初演）。

⦿アンドレ・メサジェ André Messager（１８５３〜１９２９）：《お菊さん Madame Chrysanthème》（１８９３、パリ、ルネサンス座にて初演）。１８８５年に海軍大尉として長崎に入港したピエール・ロティ Pierre Loti（１８５０〜１９２３）が、日本女性との同棲生活を題材に、１８８７年に「フィガロ」誌に連載した同名小説に基づく。

⦿シドニー・ジョーンズ Sydney Jones（１８６１〜１９４６）：《ザ・ゲイシャ The Geisha》、台本：ホール（１８９６、ロンドン、デイリー劇場にて初演）。《Au Japon》と同年であることに注目したい＊。７６０回以上に及んだ初演の後、ベルリンでも１０００回以上の大人気を博した喜歌劇。日本では名古屋大須オペラ（２０００）と、東京室内歌劇場（２００７）の主催公演が記録されている。

⦿ピエトロ・マスカーニ Pietro Mascagni（１８６３〜１９４５）：《イリス Iris》、台本：イッリカ（１８９８、ローマ、コンスタンツィ劇場にて初演。

⦿ジャコモ・プッチーニ Giacomo Puccini（１８５８〜１９２４）：《蝶々夫人 Madame Butterfly》、台本：ジャコーザとイッリカ（１９０４、ミラノ、スカラ座にて初演）。

＊〔B90〕によると、ポリーヌ《日本にて》が 1896 年 5 月 20 日、ロンドンにて兄マヌエルの息子キュスターヴ・ガルシアとその教え子たちによって初演された、とある。私も初耳の情報に驚き感謝する。

舞台作品ではないが、ポリーヌ以外に、ジャポニスム作品を書き、実際に楽譜でそれを確かめられた女性作曲家として、フランス人ジャーヌ・ヴィユー Jane Vieu（１８７１〜１９５５）の《日本の短歌による３つのメロディ Trois mélodies sur des Tanka Japonais》（パリ、エノック社、出版年不明）がある。

またアメリカのマーガレット・ガーウッド Margaret Garwood（１９２７年生まれ）にも《６つの日本の歌 Six Japanese Songs》と題した、ソプラノ、クラリネット、ピアノのための作品があり、ヒルデガルト社より出ている（１９８８）。

もう１点、フィレンツェの楽譜店にて偶然見つけたピアノ曲《日本の踊り Danza Giapponese》が、ワンダ・カステルヌオーヴォ Wanda Castelnuovo という作曲者名になっていた。作曲年は不明。コーエンの『国際女性作曲家事典』にさえ載っていない名前だが、私は２００７年『女性作曲家音楽祭』にて取り上げたほか、その後たびたび講演や授業などで活用した。このような軽いポピュラーな曲調の作は、売り込みを狙って、男性が女性の偽名を使うケースが19世紀末にはよくあったらしい。後述する『日本にて』の台本作者サビーヌ・マンセルにも、理由は定かでないが、男性名ジャック Jacques で発表した詞があることを、申し添えておく。

ポリーヌと日本／ポリーヌとエグゾティスム

２章に記したように、ポリーヌの訃報はいちはやく森鷗外によって2回、日本に伝えられていた（『椋鳥通信』１９１０年6月10日、および7月7日）。その鷗外が１９１４年に翻訳を完成させていた日本語版グルックの《オルフェウス》日本初演が、21世紀に入った２００５年、東京藝術大学奏楽堂にて陽の目を見ている。その際用いられた台本が、１８５９年、ポリーヌに歌手として最大の成功をもたらしたベルリオーズによるフランス語の改定版を基に、併記されていたドイツ語から鷗外が日本語に翻訳、したがって重訳というべきヴァージョン（ペーター版）を定本としていた、というややこしい経緯がある。*コラムで取り上げた柳兼子の、歌手としての初舞台が、ポリーヌ没年の１９１０年、まさにこのオルフェウスのアリア「あぁ、我汝を失えり」であったという偶然も、ことさら因縁深く思われる。

しかしポリーヌとエグゾティスムを話題にするなら、まずはポリーヌ自らがそうした異国趣味を幾重にも体現した存在だったことを想起しなければなるまい。両親がスペイン人、しかも一説によるとロマの血筋でもあったらしい。ショパンとの深い交流、および父方の家系がポーランド貴族に遡るというジョルジュ・サンドとの密接な結びつきを介してポーランド文化にも馴染んだことであろう。そして言うまでもなくツルゲーネフによるロシア文化への開眼と親愛の情がある。フランス語に加え、スペイン語、イタリア語、ドイツ語、ロシア語、英語、ラテン語と、みずからの歌曲に取り上げた言語は7カ国にも及ぶが、そのどれもがごく自然にしっくりと音楽に変容していることには驚くばかりだ。

他方、言葉によらない器楽曲にもエグゾティスムが浸透している。ピアノ独奏曲とヴァイオリン曲にはマズルカやポロネーズと題したポーランドものが複数あるし、ショパンの

*この鷗外による日本語版《オルフェウス》は、訳者鷗外の生誕150年を記念して、2012年10月28日、文京区が主導して文京シビック大ホールにて再演された。使用されたペーター版の確認に至る事実関係については、芸術監督・滝井敬子による当日のプログラムに詳しい。〔B70〕

マズルカを独唱と二重唱用に総計16も編曲し、愛唱していたことは改めて触れるまでもない。このマズルカ編曲こそが、私が初めてポリーヌに関心を持つきっかけとなったのだった。しかしその時は、「ショパンの有名なピアノ曲を歌にしちゃうなんて、なんと大胆な。ショパンは怒らなかったのかな？」と感じたのが正直なところだった。だが、入手したばかりのＣＤ解説〔D14〕には、ポリーヌが終生抱いたポピュラーな歌への想い入れから、ポーランド人によって書かれて間もないピアノ曲を素材に歌にしてみたというだけのこと、とある。つまりショパン編曲も民俗性追求の一端として活用しただけで、「有名」な作品に対する無礼な編曲などと忖度するのはお門違いだったのだ。彼女自身のオリジナルなピアノ曲として最後に出版された《うまいぞ、ペピータ！》には、「ホタ／スペインの民俗舞踊 Jota/ Danse populaire espagnole」（１９０６）との副題も記されている。*

現存する３つのピアノ連弾曲、《序奏とポロネーズ Introduction et Polonaise》（１８７３）、《アルメニア組曲 Suite arménienne》（１９０４）、《ボヘミア行進曲 Défilé bohémien》（１９０５）がすべて、異国の地名をタイトルにしているのも格別なことではないか。なかでも、「それでもやはり…Quand même」と意味深長な副題を持つ《アルメニア組曲》は、その増音程の特異な効果で、３・11を悼むコンサート「ポリーヌと〝うた〟」でも、とりわけ聴衆からの反応が熱かった。おそらく日本初演となったこの連弾をお引き受けくださったピアニスト２人からも、なぜこのような作品が？と訊ねられたもののの、答えられず、赤面の至りであったが——いずれにせよ、新しく出た評伝類でもこう

＊ p24 カリッカチュアの発想源とも思われる《小組曲》（1866）のフィナーレは《タランテラ》（南イタリアの民俗踊り）。毒ぐもに咬まれて狂い動くさまは《ピアノとヴァイオリンのための 6 つの小品》（1867）フィナーレにも同タイトルで見事に表現されている。

▲《うまいぞ、ペピータ！》の楽譜表紙

した連弾作品とその背景が全く等閑視されていることは、残念でならない。

さて、津田ホールでの没後100年記念コンサート、「歌うヴァイオリン：ヴィアルド一族の室内楽」のアンケートで、ある音楽関係者からなぜ演目にないのか、と不審がられたのが《日本にて》である。1幕11景のこのパントマイムは、サビーヌ・マンセル（詳しくは後述）の台本にポリーヌがピアノで伴奏音楽を付けたものだが、年代が確定できない着想の時から数年後の1896年に出版されており、件の日本人音楽関係者もその出版譜をいち早く入手されていたのであろう。前記のとおり、近代音楽におけるジャポニスムに焦点を当てた鶴園〔B50〕でさえ全く触れていないこのパントマイムの楽譜（フランス国立図書館 BNF の請求番号 Vm.6.211）の存在に、私自身は1999年の在仏時に気づいていた。しかし、没後100年コンサートの企画に当たっては、当初から、歌唱や演技といった日本人の肉体的条件が不利に働く作品を除いた器楽曲のみで構成すると決めていたため、これを組み入れる発想は全く持ちえなかったのである。

それにしても、〝パントマイム〟とはクラシックのジャンルとしては異例の試みではないか。実際に上演されたらしいこの舞台音楽がウォディントン〔B51〕とハイトマン〔B68; VWV2009〕の作品カタログ以外では全く無視されている、と2010年当時は思い込んでいたけれど、そうではなかった！　先述した通り、ポリーヌを尊崇してやまない教え子の1人が1901年、師の歌曲を集めたコンサートに先立って行った講演〔B6〕において、しっかりと語ってくれているのだ。成立事情の説明はないが、1章の年表

1896年に載せたように、パリのボディニエール劇場での初演の翌年（1897）にはペテルスブルグでも上演されたというではないか！　ロシアにもジャポニスムの待望論があったということだろう。1883年、ツルゲーネフがパリ郊外ブジヴァルの終の棲家で亡くなってから、ポリーヌはロシア社会から有形無形の軋轢を受けていたらしいことは、6章で簡単にふれた。それだけに、ツルゲーネフ死後14年経ってもなお、ポリーヌ作品がロシアの舞台にかけられたことの意味は途轍もなく大きいと考えたい。

さて、リディア・トッリジ＝ハイロートは講演の当該部分（p17）で、作曲家としての師の紹介を終えるにあたり、以下のように付言した。

「加えて魅力的なパントマイム音楽、“Au Japon”のこともお話ししておきましょう。もう5、6年前になりますが、作品はパリのボディニエール劇場 Théâtre Bodinière で初演されたのち、翌年にはペテルスブルクの小さな私的劇場にて再演されました。*当時はロシアの上流階級の間で流行したのですが、その劇場はミカエル広場に面して立地するゲルビン将軍 général Gerbine の広大な邸宅の中にありました。

上演は将軍夫人リディアの差配で進められましたが、演者は全員、ペテルスブルクの上流階級出身者でした。したがって衣装も舞台装置も素晴らしく豪勢でしたので、その上演は社交界の出演者のすべてにとっても、またヴィアルド夫人の作品としても、まぎれもなく正真正銘の勝利となったのです」

＊後出山口論文〔B72〕では初演は 1891 年のポリーヌ邸にてとある。

台本作者サビーヌ・マンセルとジャポニスム／パントマイムの結びつき

トッリジ＝ハイロートの話は、タイトルが示すように、生涯、作品、教育、とポリーヌの活動の全容を対象としている。しかも語る対象は現役で活動中の偉大なアーティストである師。語り手のほうも、その師から重要な教え子と名指しされている人物だ――こうした実にユニークな枠組みの中から生まれた貴重なドキュメントであることは、幾重にも強調しなければなるまい。

ただし、台本作者についての言及が全くないのは、成立事情の無視より気になる不備と言えよう。私自身も、楽譜が入手できたことで満足してしまい、ツルゲーネフ協会への寄稿文〔B78〕でもこの点を完全に見過ごしてしまったことをずっと口惜しく思っていた。

ところが、今回改めて関連資料をひっくり返すうちに、まさにこの問題にピタリ焦点を当てた論文があったことを思い出し、探し出せたのである。著者の山口順子には、遅まきながらの謝意を繰り返したい。２０１４年３月８日、日仏女性研究学会主催による「フランス女性作曲家を聴く～ルイーズ・ファランクとポリーヌ・ヴィアルドの作品から～」と題したレクチャー・コンサートの報告書 "Cahier du Mimosa 2014" に収録された『女性詩人サビーヌ・マンセルと「パントマイム　日本にて」の創作』である〔B72〕。以下、ネット検索力を駆使してまとめられた山口の労作から、かいつまんでこの台本作者の人物像を、私見も交えて要約したい。

サビーヌ・マンセルはおそらく１８５０年頃の生まれだが、没年ははっきりしない。ポリーヌと30近い歳の開きがあるが、夫とツルゲーネフの２人に先立たれるなか、娘３人と同志のような間柄を保っていたポリーヌは、もう１人の娘という感覚でサビーヌに接していたのかもしれない。詩人・作詞家としてサビーヌは、１８８０年代後半から１９３０年代前半にかけて創作活動を展開したようだ。子供向けの童謡の作詞が多く、彼女自身の作を含む『子供のための民衆歌と踊り』と題された曲集は、ドイツ語と英語にも翻訳され、版を多く重ねたらしい。

フランス国立公文書館の記録によると、本名はサビーヌ・リュシー・クレール・モアラン Sabine Lucie Claire MOILIN。地方鉄道や橋梁の建設監督を務めたエドゥアール・マンセル Edouard Mancel（１８３０〜１９１５）の妻で、１８７０年に夫の任地アラスで息子を産んだのは21歳だったというから、生年は１８４８、１８４９年頃であろう。夫妻揃ってパリに落ち着く１８９０年代末以前から、パリと地方を行き来したことが判明しているが、夫の没後は遺族年金を得て、パリ16区の館に弁護士の息子とともに暮らしていたという。

《Au Japon》執筆の動機やその後の経緯はかなり臆測によらざるをえないところがあるようだ。これについては、海の向こう、ハーヴァード大学ホートン図書館に重要な資料が所

◀日仏女性研究学会主催コンサートチラシ
2014 年 3 月 8 日 , 日仏会館

蔵されている。詳細は山口論文に委ねるが、私自身もボルドー大学でジェンダー関係を担当されているクリスチーヌ・レヴィから、この情報の断片は得ていたものの、それ以上の追求に至らぬままになっていた。

さて、80歳ごろのサビーヌを顕彰するイヴェントが、「リセウム・ド・フランスLyceum de France」なる文化事業団体により行われたが、その活動本拠があるベルシャッス通りはポリーヌの竟の住処サン・ジェルマン通りのアパルトマンのごく近くなのだ。やはりさまざまな因縁が2人を結んでいたのだろう。

このリセウムという組織が1906年に創設された裏には、ロンドン発の女性参政権運動〔サフラジェット〕の影響があった。美術、音楽、文芸、社会科学を4本柱とする活動の代表者ユセフ侯爵夫人Duchesse Usef*は、旧制度時代には女性も選挙権を持っていた、と主張する多芸・多彩な人物。その下で文芸担当係を1929年まで務めたサビーヌのその後は杳として知れないが、参加当時はすでに文壇で詩人として立っており、フェミニスト関係の劇場や新聞とのかかわりも持っていたという。

文壇デビューがいつかは判然としないものの、ローザンヌとパリで発行されていた文芸誌『種まく人Le semeur』（1889年4月10日号）にはサビーヌの詩作品が掲載されており、ここでとりわけ重要なのは、その同じ号にパントマイムとの関連を思わせる記事が2点も載っていたことであろう。コパンAlfred Copinの『マイムとピエロ』、そして『日本にて』と題するスイス人外交官クレパレートArthur Creparèteによる連載中の1篇である。

＊生没年不詳、マニュエラという名で彫刻家、音楽家としても活躍〔B19 p.18〕
なおB19の原題は“Histoire des Féminismes Français“（フランスのさまざまなフェミニズムの歴史）”である。

前者は1889年出版の『パントマイム基礎資料集』とともに、当時のパントマイム流行の先駆けとなった。もう一つ加えると、1862年のオスマンによるパリ大改造の煽りで消滅したヒュナンブル座の看板男優が、咲き誇る薔薇に戯れ飛ぶ蝶々の踊りを持ちネタとしていたことも、サビーヌの発想を促したのかもしれない。

後者はジュネーヴ地理学会での講演を基としているが、すでにジャポニスム熱が万博を通じて拡散しつつあった折、演劇好きだったらしいクレパレートが、日本の歌舞伎と舞踊劇における男女の描き方と役割に着目・考察しているというのだから、実に興味深い。

自作が載った雑誌を通じて、サビーヌが上述の記事2本から刺激を受けたことは大いに考えられるが、1887年ピエール・ロティの『お菊さん』が来日の関心を集めたのに比べると、クレパレートなどへの注目度ははるかに低かったようだ。だがサビーヌにしてみれば、スペイン、ロシア、ポーランドからの異国文化をふんだんに吸収している女性作曲家ポリーヌ・ガルシア＝ヴィアルドの住居が、自身の活動本拠の至近にあるという状況を生かして、ジャポニスムに基づく詩文と音楽とパントマイムを結び合わせた舞台作品を、と思いついても不思議はない。

どちらから協働作業の提案が出たのかなどは、山口論文でも解明にされていないが、ジャポニスムに言葉を発しないパントマイムを活用する、というアイデアがコパンの論から触発されたであろうことは、当然予想される。さらにはそのパントマイムが、かつてはご法度だった言語表現や禁令に触れる政治風刺も担える利点を生かし、リヴァイヴァルの途上にあったこととも無関係ではなかろう。日本の演劇では公的舞台に立てる女性は、通例無言の踊り手としての役回りであった。そこに喜劇的要素や、吉原遊女をほのめかしたりすれば、女性の舞台登場に関して問題意識が拡がるのではないか。

しかしパリではこの頃、パントマイムの世界に新風を吹き込んだ女性が登場する。そのフェリシア・マレ（Félicia Mallet 1863〜1928）は、定型化されたピエロの動きを脱し、自由でしなやかな仕草の踊りと舞い、そして生身の人間らしい感情表現で、急速に人気を博していった。1891年、ヌーヴェル・テアトルにおける『スカラムシュ／空威張りのピエロ Scaramouche』*では、天賦の才を遺憾なく発揮して満場の喝采を浴びたという。

1880年代末、かくて「日本」は、植民地政策の拡大とともに万国博覧会がたびたび開催されたことも背景に、流行のテーマとなった。演劇空間でも、悲劇・喜劇の別なく、その装飾的イメージを取りこみつつ、消費と需要を拡大していく。「さらに、パントマイムの復興に際しては、単に過去の表現の再現にとどまらず、新たなジャポニスムにも反応しつつ、女性のマイムが新境地を切り開き、主役として舞台にダイナミックな活力を生み出す状況も芽生えていた」――山口論文はサビーヌ・マンセルのジャポニスムとパントマイムへの接点を、このように結論付けている。

翻って、パリにおけるジャポニスムの起源やその展開については、すでに多くの論考が出ているが、一般的な百科事典（平凡社、1985）では、1856年、パリの画商に宛て日本から送られた小包に北斎の浮世絵漫画が使われていたことが発端だったとある。ポ

*ユダヤ系の生まれ、のちアメリカに亡命した作曲家ダリウス・ミヨー（1892 〜 1974）が、フランス 6 人組のメンバーとして活躍中の 1937 年、2 台のピアノのために書いた《スカラムーシュ》は今日も広く愛奏されている。

リーヌの場合も1855、67、78、89年と重ねて開催されたパリ万国博覧会が相乗作用を起こしてジャポニスムの音楽表現へと誘われたのであろう。1851年のロンドン万国博覧会で最初に発火したこのジャポニスムがフランスで最盛期を迎えたのは、「共和国の祭典」と位置付けられた1878年パリ万国博覧会時とされるが、馬渕〔B79〕によれば、ジャポニスムの理解者や執筆者は共和主義陣営に多かったという。徹底した共和主義者にして美術コレクターとしても知られた夫ルイ・ヴィアルドから、ポリーヌが刺激を受けたことも推測できよう。またきわめて親しかったサン＝サーンス《黄色の姫君》には当然すでに触れていたであろうし、ツルゲーネフの仲間で熱烈な日本美術研究者でもあったゴンクール兄弟などからの情報も豊富に得ていたはずだ。ただし、私がご家族丸ごとと親しくお付き合いさせていただいた元フランス原子力庁の故フランソヮ・セビロー夫妻Monsieur et Madame François Sebilleau*も、フランス・バロック音楽史研究の代表者マルセル・ブノヮMademoiselle Marcelle Benoîtも、揃って19世紀末から20世紀初頭にかけてのジャポニスム流行は、パリでは当たり前の事象であって、さして特異なものとは言えないと、至極あっさり片付けられてしまったのだが。

《日本にて Au Japon》VWV2009 メモ

出版：1896年、エノック社、パリ。"Pantomime en un acte/par Sabine Mancel/Musique de Pauline Viardot"

ジギルスキのご好意で入手できたポリーヌの手書きメモ付き楽譜は未公刊。扉カラーペ

＊フランスの法的に結婚したカプルの表記は、夫のフルネームで示され、妻のそれは名前も旧姓も全く無視するのがむしろ礼儀であり、正しい――これを知った時の驚きは言いようがなかった。セビロー氏の妻、アンヌ＝マリーの旧姓をついにお尋ねする機会を逸したまま、永遠のお別れとなってしまい、痛恨の想いである。

ージにその表を裏を掲載してある原版全11景のうち、最初の2景でその手書き譜は中断している。

台本：語り（筋書き）はサビーヌ・マンセル。名前からして書き手は当然女性と思いこんでいた。ところが、先に記したように、マンセルの作品リストの中で、ジャック・サビーヌJacques Sabinesという男性の筆名が使われているケースがあった。

Waddington〔B51〕もサビーヌを偽名としている。19世紀末のアメリカでは、小説の男性作者が、女性の購買を当て込んで女性の筆名で作品を発表する例が多々あったという事実にも附合するのであろうか。

また、１８９０～92年の年号を持つマンセルの自筆台本がハーヴァード大学ホートン図書館に所蔵されているのだが、同じフォルダーには、ポリーヌの自筆になる「ジャスミンの花」（幕開けの水遣りのシーンを指す？）、

《日本にて》出版譜の表紙

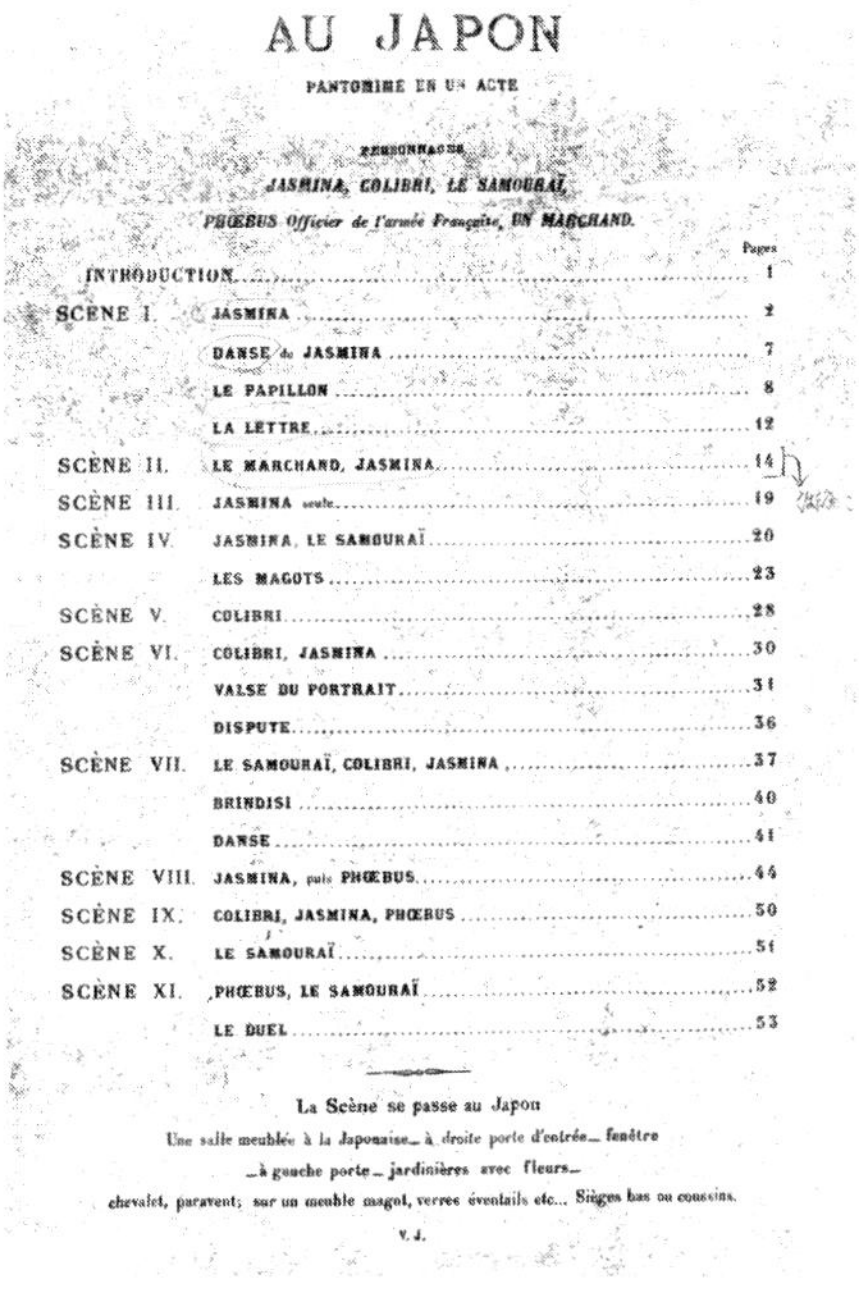

AU JAPON

PANTOMIME EN UN ACTE

PERSONNAGES

JASMINA, COLIBRI, LE SAMOURAÏ,

PHŒBUS Officier de l'armée Française, UN MARCHAND.

La Scène se passe au Japon

Une salle meublée à la Japonaise_ à droite porte d'entrée_ fenêtre
à gauche porte jardinières avec fleurs_
chevalet, paravent; sur un meuble magot, verres éventails etc... Sièges bas ou coussins.

V. J.

同：目次

および『日本にて』全体の粗筋も収められているとのこと。この情報は、すでに記したとおり、ボルドー大学の日本近代社会史研究者であるクリスチーヌ・レヴィからも得た。

初演：1891年5月21日、ポリーヌ・ヴィアルド邸（1891年5月25日付けの日刊紙ジル・ブラ）。この初演情報は山口論文による。*
上演は誠に素晴らしい出来栄えだった、とのこと。先立つ改訂の楽器編成の指示が英語でなされていたことから、坂口カタログ〔B90〕に記されていた1896年ロンドンでの上演にも、この初演時の反響が生かされたのかもしれない。

場面：日本の1室。

登場人物：ジャスミナ、コリブリ、サムライ、フランス軍将校フェビュス、小間物売り。

《日本にて》のあらすじ／構成

第1景：邪心を抱く日本のサムライ Le Samouraï によって日本の部屋に閉じ込められているジャスミナ Jasmina が、退屈紛れに花に水遣りをしたり、人形の絵を描いたり、踊ってみたり、扇の端に結び付けた絹紙製の蝶々を飛ばせて遊んだりしていると、窓越しに恋い慕うフランス軍将校フェビュス Phoebus の姿を見つけ、彼に宛てて恋文を認めるこ

*ハイロートの情報ではパリ・ボディニール劇場にて初演とあった〔B6〕

とを思いつく。

第2景：そこに訪れた小間物売りLe marchandの品々を覗き込みながら、手紙をフェビュスに渡してもらおうと頼み込むが礼金を要求され、お金は1銭もないけれど、代わりに、と書いたばかりの絵を差し出すが、拒否されて泣き出してしまう。哀れを催した小間物売りが、ジャスミナの髪飾りに目をつけ、それと引き換えなら、と申し出たので彼女は大喜び、「早く、早く行って！」と小間物売りを急き立てて送り出す。

〔ポリーヌの小編成アンサンブル用への改変作業はここで中断〕

第3景：ジャスミナ1人、画架を元に戻しながら、フェビュスが会いに来てくれる期待に胸を高鳴らせている。

第4景：そこへ今日こそジャスミナを手なずけようと、サムライが登場。あれこれ言いながら籠絡しようとするが憎しみを込めてそれをはねつけるジャスミナ。それでもなお彼女の気を引こうと、持ってきた人形の頭や腕を動かし、あげく自分も真似てみたりするサムライを適当にはぐらかしながら「欲しいのは部屋の鍵だけ」と切り出すジャスミナ。「絶対にそれはならん、こんなにわしをコケにした奴はいないぞ！」とサムライは怒り狂うが、ジャスミナは媚態を織り交ぜ巧みに部屋の外に追い出し、サムライの鼻先で戸をばたんと閉めてしまう。

第5景：コリブリColibri登場。誰もいないと思って室内を見渡す。

第6景：ジャスミナがコリブリに気付き、2人は再会を喜び合うが、それぞれが自分の恋人の話をするうちに、その想う相手が同じあの将校とわかって大騒ぎ。引っ掻いたり叩き合ったりの喧嘩で2人とも疲れて床にへたり込む。

第7景：そこへシャンパンの瓶をかかえてやって来たサムライが、両手に花とばかり喜んで乾杯！　酔って上機嫌となる。コリブリとジャスミナは扇を持って軽快に踊り出し、サムライにも一緒に踊るよう勧めながら、コリブリはサムライが自分の後を追って部屋から出ていくようにおびき出す。

第8景：ジャスミナ1人残った部屋にフェビュスが窓から忍び込んで来る。ジャスミナは背を向け、コリブリの件で拗ねて見せるが、「あの踊り子のことは一時の出来心、本当に愛しているのは君だけ」との言葉で仲直り、舟歌のリズムに乗せ、2人で遠くに旅立とうと誓い合う。

第9景：そこへコリブリが大急ぎで走って戻り、フェビュスが忍び込んだのを見てサムライが怒り狂ってやって来る、とご注進。フェビュスともども3人で屏風の陰に隠れる。

第10景：部屋に入るが、誰もいないのをいぶかりつつ屏風に気づき、抜き足差し足で近づくサムライ。

第11景：とっさにに小間物売りに仮装してみたものの着物から軍服がはみ出てばれてしまったフェビュスに、刀を突きつけて切腹を迫るサムライ。フランスには「ハラキリ」はないと応ずるフェビュス。2人があわや決闘に——その瞬間に割って入ったジャスミナがさっと扇子を一振り、サムライは倒れこむが、コリブリに「あれは扇子だから何てことないのよ」と優しく助け起こされる。そこでフェビュスがジャスミナに求婚してめでたし、めでたし！　の大団円となる。

そもそも女性2人が日本人かフランス人かすらはっきりしない、この何とも奇妙な筋書きに関して多言は無用――と思いきや、ジャポニスムの先鞭をつけたピエール・ロティの小説『お菊さん』（1887）のなかで、長崎に赴任した作者「私」の現地妻として最初に斡旋された15歳ごろと思しき少女が、なんとマドモアゼル・ジャスミンと呼ばれているのだ。であればやはりジャスミナも日本人ということになろうか？　しかしまた、1876年の第2回印象派展にクロード・モネが出品した、扇子を口元に当てた着物姿の女性像のタイトルも『La Japonaise』とある。ただし、こちらのモデルはモネの妻であり、単にフランス女性が日本の着物をまとってポーズしているという趣向だから、「日本風」と訳すべきかもしれない。いずれにせよ、ジャスミナの正体を明かすヒントにはなりえないようだ。ロティの件は、プッチーニのオペラ《蝶々夫人》を軸に、近代西洋のオリエンタリズムとジェンダーの相関を鮮やかに分析した小川の著書〔B59〕から知ることができたのだが、しかしポリーヌがこのロティ作品と接触したか否か、それを詳らかにする方法も暇も全くない。

かたや間違いなくその存在をポリーヌが知っていたと思われるフランス産ジャポニスム・オペラ第1号たるサン＝サーンス《黄色の姫君》は、舞台が日本でなくオランダに設

モネ“La Japonaise”ボストン美術館所蔵▶

定されている。日本の美人画の女性に夢中になり幻想に耽る画家と、彼に恋するいとこの娘が、結局は結ばれるという筋書きで、現実の生きた日本女性が登場しないのは面白い。1幕だけの簡潔な構成という点でも、《日本にて》と相通ずるところがある。

　他方、イタリア人としてプッチーニ《『蝶々夫人』》に先駆けたマスカーニ《イリス》（当初これも《日本娘 La giapponesa》と題されていた！）は、騙されて吉原に売られ穢れた娘として父から拒絶され絶望のあまり身を投げて死ぬ日本の少女を描いている。これら2つの大規模なイタリア悲劇オペラとは異なり、ポリーヌの《日本にて》が、女性2人の連携と機転で、切腹や自害、人殺しといったむごたらしい場面なしに、明るいハッピーエンドに落ち着くことをもってよしとしたい。

ピアノ・ソロ伴奏からアンサンブル用への補筆・改変について

　全体を見渡してまず特筆すべきは、軽やかで透明な

◀出版譜の第1頁。序奏から《日本娘》のメロディーへつながるところ

テクスチュアであること。ピアニストとしても傑出したポリーヌらしく、要所で高度な描写的表現力とともに、レチタティヴォ風の繋ぎが活用され、〝ファ〟の音を欠いた音階がジャポニスムの表象として効果的に挿入されていることも指摘しておきたい。第1景と第7景の踊りの場面やサムライが人形の振りを真似る第4景などでは、小柄な日本人のちょこまかした動きを暗示するようなリズムも特徴的に響く。同じ第4景でサムライがジャスミナに言い寄っては拒絶されるところなど、低音とコミカルな音型でサムライの怒りと滑稽味をうまく表現している。終幕近く、仲直りしたジャスミナとフェビュスが一緒に遠い船出を夢みる場面では、舟歌のリズムが巧みに活用されていた。補筆・改訂された第2景までの範囲内に、実質的な書き換えから単なる楽器追加の指示まで、合わせてほぼ20カ所が数えられる（付録1参照）。

さて、ポリーヌ自筆のオーケストラ版への改変が第2景で中断しているのはなぜか？確証も根拠もないが、ツルゲーネフの台本によるオペレッタ《最後の魔術師 Le dernier sorcier》（1867）のオーケストレーションを、リストとヴァイマル宮廷管弦楽団のリストの後継者エドゥアルド・ラッセン Edouard Lassen（1830〜1904）の両者に任せていたように、ポリーヌが作曲の根幹はあくまで旋律とそれを支えるバスにあると心得ていたため、細部の楽器のあしらいは2次的な問題と割り切っていたためではないだろうか？　改変した2つの情景だけですでに、主役ジャスミナの表徴としてオーボエとクラリネットを充てつつ踊りや蝶々遊びといった音楽表現に重要な場面を表しており、フェビュスのモチーフには軍楽の代表格である打楽器とトランペットを抜かりなく指定した上に、フルートおよびヴァイオリン、ヴィオラ、チェロ、バスの弦楽器4つも絡ませるなど、劇の伴奏音楽としては充分に楽器を使い分けているのだ。「このあとはどなたかご自由にどうぞ……」というのがポリーヌの本音だったのかもしれない。

こんな推測をするのも、現代日本の代表的女性作曲家、藤家渓子*の「オーケストレーションは楽器の特性を飲み込みさえすれば機械的な作業。一番難しいのは旋律を書くこと」という発言が、私の脳裏に焼きついているからである。

日本の職人芸に根ざすすばやい筆致や無駄を排した簡潔さこそがフランスのジャポニスム賛美の原点であるならば、それはまさしくポリーヌの創作態度にも通底することを指摘しておきたい。

改訂版に話を戻そう。楽器の追記や振りの指示について、〝wind instrument〟〝strings〟〝drum〟など、フランス語ではなく、英語が使われているのはなぜか？　原版におけるハッピーエンドの結びで、人物がそれぞれ握手するときには〝shake hands〟とも記されていた。これも推測に過ぎないが、〝Au Japon〟と同1896年にロンドンで初演されたジョーンズ《ザ・ゲイシャ》が、ベルリンでも凄まじい人気を博した事実に接して、ポリーヌも自作をロンドンで再演することを思いついたのであろう。**それにしても《ザ・ゲイシャ》が大成功だったにもかかわらず、その後ぷっつりと絶えて上演されなくなってしまった理由が不明なうえに、そもそもこの作品ついてはジャポニスム関係の資料ですらほとん

＊藤家渓子は拙編著『女性作曲家列伝』の最後に、現代の作曲家の代表として対談の相手となっていただき、音楽の現場感覚に根差した意見をさまざまいただけたことに改めて感謝する。この対談が一番面白かった！という感想まで届いていただけに、『列伝』の品切れ・絶版という事態がなおのこと悔しくやり切れない。

＊＊親族の音楽家たちによって再演されたという情報源は〔B90〕。p175 も参照。

ど触れていないのは不可解だ（『音楽のある展覧会』*解説プログラムのリストには一言紹介がある）。私の手元にさえ2種類の楽譜が揃っており、人気が偽りでなかったことの傍証ともなると思うのだが……。

ポリーヌが遺したもう一つのジャポニスムの歌《日本娘 La Japonaise》

ところで驚いたことに、幕開け、花々に水遣りする場面をはじめジャスミナを表すのに使われている東洋風／日本風の旋律は、1892年にエノック社から出版された『6つの歌曲集』第4曲《日本娘 La Japonaise》の冒頭と全く同じなのである。サン＝サーンスも、自身のジャポニスム・オペラに先駆けて1871年頃、《東洋の欲望 Désir de l'Orient》と題した自作の詩による歌曲を発表、そのモチーフを例のオペラに組み込んでいた。これについては当の歌曲の出版譜に説明があり、全曲CD〔Chandos:CHAN 9837〕からも、序曲と、幻想の恋人に呼びかける画家の最初のアリアとの2曲に、この旋律が活用されているのがわかる。こうした作法にポリーヌもおそらく倣ったのであろう。いずれにせよ、《日本にて》同様、このポリーヌのもう1つのジャポニスム歌曲も既存の評伝ではすべて見過ごされている。私はたまたまウォディントンの目録の標題索引を眺めていて気づき、その入手も目的の1つとして渡仏、BNFの所蔵も確認できたのだった〔請求番号A31597〕。ところが残念なことに楽譜の痛みが激しく、コピー許可が下りず落胆しきっていたところ、ポリーヌの記念コンサートをパリで数回開催されたパリ市7区音楽院教授にしてピアニストのジャン＝マルク・ポン＝ダガリエが、その個人コレクションからコ

＊ウィーンに残る日本とヨーロッパ450年の足跡／ウィーン音友協会創立100周年記念としてサントリーホールにて企画・実施された（2012年10月6日～12日）。

ピーして送付して下さった。氏の好意に心よりの謝意を表したい。

歌曲の作詞者アベル・ド・モンフェリエ Abel de Montferrier、正しくは Antoine Abel de Vidal, marquis de Montferrier（１８６１～１９１４以降没）は、ヴィクトル・ユゴー Victor Hugo（１８０２～85）の親族に当たり、父の暴力から逃れるために妻の姓を名乗っていたとされる人物。この貴重な情報は、ポン＝マルケシの日本人門弟である坂口千栄を介して、フランス文学研究者の曽山喜子から得ることができた。記して感謝の念を表したい。ユゴーがそもそも『東方詩集』などによりエグゾティスムに関心を強めていたことは夙に知られているし、上述の『６つの歌曲集』には、他に2曲、ユゴーの詞による歌が載っているので、その関連からポリーヌもこの詩を入手したのかもしれない。なお、献呈相手のジャンヌ・リオン Jeanne Lyon については、残念ながら現在まで何も知ることができぬままでいる。

さらに山口の情報から、ポリーヌに先駆けて１８８２年、ジュール・デュプラート Jules Duprato（１８２７～92年）が、同じこの詩に曲付けしていたことが判明。ローマ大賞作曲部門で１８４８年に受賞し、パリ音楽院の和声教授にも任命されたこのフランス男性の曲は、『ソネット集 Le Livre des Sonnets』全20曲中の第14番目にある。ホ短調４拍子、モデラート、８分音符で水遣りのリズムを模した簡明な音型でまとめられているものの、日本音階風な響きはない。献呈相手の友人アルベール・グリモー Albert Grimault が、ジャポニスムに関心を深めていたのだろうか？　ポリーヌの付曲はこのデュプラートに刺激を受けたからなのか？

とりあえず、問題のソネ14行の私訳をもって、本7章の結びとしたい。

“La Japonaise”
La Japonaise aux yeux d’ébène
La délicate fleur de thé
Noble comme une déité
Sort de sa tour de porcelaine.
Tous les poètes ont chanté
Sa grâce exquise et souveraine
Et le parfum de son haleine
L’a fait nommer Fleur de beauté.
D’un pas léger rythmique et doux
Elle va parmi les bambous
Et les arrose avec tendresse,
Sans entendre son jeune coeur
Vibrer du coup d’aile vainqueur
De l’oiseau bleu qui la caresse.

《日本娘》
黒い瞳の日本娘
繊細なお茶の花
女神のような高貴さで、
陶器の塔から歩み出る
詩人はこぞって彼女を歌う
その品よく妙なる優美さを。
息使いまでも香しく、
美の精華と讃えられるほど
足取り軽く穏やかに調子よく
竹林に分け入った娘は、
心を込めて水を遣る
高鳴るその若き胸には聞こえない、
勝ち誇る愛撫の一撃で
青い鳥がその心を震わせるのを。

☆追記：２０２１年12月９日、思いがけぬ訃報がパリから届いた。オギュスタ・オルメスとポリーヌ・ヴィアルドの両者に強い関心をもたれ、活動されたミシェル・フリアンが、11月29日、入院加療中に逝去された由、ご遺族からメールをいただいたのである。

“Au Japon”の仏語原稿をまとめるために、何度もメールをやり取りし、シンポジウム報告集〔B66〕に拙稿も無事掲載していただいたのだが、そののちはほとんど音信不通になっていたから、申し訳なさとともに、残念な想いをこらえきれない。サバティカルでのパリ滞在中には、何度もご自宅にお招きいただき、夕食をご馳走していただいたものだった。7月18日に実施したポリーヌ生誕２００年記念コンサートの報告を済ませていたなら、どんなによかったか……。

ありきたりの言葉しか浮かばないが、心よりお悔やみ申し上げます。

結びに代えて——ポリーヌと出会えた至福を想う

去る5月21日、80歳となり、最後の章「パントマイム〝日本にて〟をめぐって」を書き終えて一段落したところ、何とも嬉しい偶然の一致に気がついた。私の誕生日が、《日本にて》のポリーヌ邸における初演の日だったのだ。1891年のことだから121年前に遡るけれど、山口順子が台本作者サビーヌ・マンセルを綿密に検証してくれたおかげ、と改めて感謝のほかない。ポリーヌは5月18日生まれだから、この皐月という時期は、ポリーヌにとっても巡り合わせの良い折節と言えよう。

4人目の娘として生まれた私に、「子」の字で終わるお気に入りの女の名前を使い切ってしまった両親が、まあ、季節だからね、とつけてくれた「緑」を、何よりありがたい親の贈り物と受け止めてきた。フランス留学から帰った1970年代以降、本能的に？ プラスチックを排して暮らしているのは、フランス人の節電徹底、使い捨てなんて一切なし、買い物は籠持参が当たり前の暮らしぶりに感化されたことが大きい。104歳直前で亡くなった母も、ほとんどごみを出さずに家事をこなしていた。プラスチックは土に還らず、緑の自然にはなり得ない。地産地消、身土不二を突き詰めれば、誰にも快い緑の安らぎが得られるはず、との信念は強まるばかりである。

「快い緑の安らぎ」をモットーとする梨の木舎アメニティ・カフェ。羽田ゆみ子が、女性と音楽の本を造りましょう、と提案されたことから本書がスタートした。〝アメニティ〟の看板通り、緑の自然素材に囲まれたカフェで東チモールの有機コーヒーをお伴に話し合ううち、ともかくポリーヌを主題に、と覚悟が決まった。1999年からサバティカルによる1年間のパリ滞在の、そもそもの目的をポリーヌ・ヴィアルド論の執筆作成としながら、いまだに果たしていない後ろめたさもずっしり感じてきた。

しかし、この梨の木舎とのコラボに思い至った裏には、遡る伏線がある。同舎から『山田耕筰さん、あなたたちに戦争責任はないのですか』と題する著書〔B36〕が出ていたのを記憶していたことだ。その刊行は1994年。私が音楽と社会の諸相に通底する性差別や歴史認識の見えざる関連を意識し始めたばかりの頃である。著者は森脇佐喜子。恵泉女学園大学での授業（指導教授・内海愛子）「アジアと日本」におけるレポートを基に作成した卒業論文が大手新聞記者の目にもとまり、出版へと展開したという。「戦争と音楽」という話題が権威主義や歴史修正主義と切り離せず、特に日本では戦争責任には触れない、というのが音楽界でも暗黙の了解事項であったからこそ、女子大学生がこうしたタブーに果敢に挑戦した事実を、音楽関係者は知るべきではないか。

「音楽も武器」という盲信に駆り立てられた山田が、どれほど戦争協力の歌を作ったのか。作品総数697曲のうち107曲を数え上げたリストをはじめ、関連資料を駆使してもう1つの山田像を浮かび上がらせた本著の意義は、私からみればどれほど言っても、どれほど称賛しても、足りない。

「19世紀ヨーロッパの音楽・文芸に圧倒的な影響力を及ぼしたスーパースター」という

レッテルを、私は何度もポリーヌのキャッチ・コピーとしてきた。しかし、女性の存在を正当に取り込んで国歌を造り換えようとする試み、そして女性詩人との共働による異文化日本と女性性の問い直しなど、これまでのポリーヌ観ではカヴァーしきれない側面を伝えるためには、そうした問題を専門として真剣に取り組むメディアと組むほかない――梨の木舎はまさに、私にとって理想の出版社と言えるのである。

それにしても、生誕200年記念に合わせて、日本語で読めるポリーヌ論を、との発案は結局夢物語に終わったこと、返す返すも悔やまれる。けれどコンサート自体は無事予定通り実施できたので、その報告をポリーヌの霊に捧げる場として、この「むすび」を充てることとした。以下、NPJ通信の連載記事〔B88〕から、当日のアンケート部分をそのまま、転載させていただく。

NPJ通信：クラシック音楽界は超男性世界？
連載第75回：ポリーヌ・ガルシア＝ヴィアルド200年記念コンサートの報告
2021・7・31　小林　緑

前回（第74回：2021年6月12日更新）予告させていただいた右記生誕200年記念コンサートが、無事実施できたこと、感謝とともに報告させていただこう。

7月18日当日はコロナ禍真っただ中でありながら、ライヴ公演を行うことに多大のためらいと恐れがあったのだが、音楽に携わる者として、心も体も萎えてしまいそうな事態であればこそ、生の音、声、調べが求められるはず、と思い切った結果に見合う形を得ることが出来、心底ほっとした。改めてご出演くださった歌の波多野睦美さん、ピアノの山田武彦さんに、心からの謝意を表したい。恥ずかしながら、終演後に関係者が撮ってくださったお二方との写真を掲載させていただく。

事後、燃え尽き症候群からなかなか抜け出せず、ご報告が遅れてしまった。これまではいつも、自分の感想や後悔の念、頂いたアンケート結果など取り混ぜ、冗長で読み辛い文になっていたことを踏まえ、今回はもっぱら、お聴きいただいた方の反応のみピックアップしてみたい。

☆「音学《ママ》より音楽を好む愚輩―解説に対し、〝百文《ママ》は一聴にしかず〟」!!

↓知られざる作品を広める会の会員でいらっしゃる男性から=

誠にごもっとも!至言と思う。音楽のコンサートでは話〔解説文も?〕なんか不要、ひたすら聴きたいという意見はよく耳にする。ただ、私が話す内容は、あくまで女性問題が軸なので、他所では聞けないから、もっと詳しくお話してほしい、という反応を今回もいただいた。言い訳がましいけれど、書き添えておきたい。

☆「話し手のマイクの持ち方が悪い。だから結局、話の内容がよくわからなかった」

↓ボランティアでお手伝いさせていただいている大学同級生の友人から=

左から谷戸基岩、羽田ゆみ子、山田武彦、小林緑、波多野睦美
21.7.18

後日、私から「率直な感想聞かせて！」と迫った結果、打ち明けてもらえた。これはいつも主催者の谷戸から指摘されていたことでもあり、深く恥じるばかりだ。

以上2つは、批判的な厳しいご意見として、今後に生かすべきと心に銘記したい。アンケートは、どうしてもお友達感覚での誉め言葉に終始する場合が多い。およそ100人の参加者だった今回、当日の回答と後日のメールを合わせ、約半分の方が反応してくださった。

その大部分が身に余るほどの讃辞だったが、なかで特記したいのは、日頃音楽・文芸などに関わりながらクラシックには今一つ、ましてや女性の作曲家なんて……という感じで私からの連絡にもいつもそっぽを向いていた同じ地元の女性から、演奏会翌日、興奮を抑えかねた感じの電話をいただいたこと。演奏の素晴らしさ、しかも200年前とは思えぬ現代性から、ポリーヌの大きさが伝わってきた、本当に参加してよかった！と夫にも伝えたという。その夫たる人、実はこの国最大の放送メディアの元芸術関係ディレクターで、退職後もその方面での仕事に携わっていると聞き及んでいた。その大メディア定番の大作曲家を取り上げる音楽番組でも、そろそろこうした女性に焦点を……という雰囲気を醸成する担い手ともなってほしいと本気で期待している＊ので、敢えて記させていただいた。

最後に1つだけ、私が女性作曲家問題に目覚めたごく初期からさまざまな機会に協力していただいているピアニストからのメールをほぼそのまま再掲させていただく。こちらの

＊その大メディアの新会長に前川喜平さんを！という署名運動（ネット及び紙の両方）が展開中。私もかつてそこから報酬も得ていた身ゆえ、共同代表のひとりとして近隣に紙の署名用紙を手渡している最中だ。

思惑全てを見透かしたような書きぶり、本当に有難く嬉しかったからである。

「小林先生と波多野さん、山田さんのお衣装が偶然かと思いますが白～緑に統一されて、爽やかで、ヴィアルドに何か関連があるのかしら？　と思いました。

柔軟で美しい山田さんのピアノの音色と、暖かい波多野さんの歌声――お二方の演奏を拝聴し、そのお人柄、演奏と作品の素晴らしさが伝わってくる充実した演奏会でした。

歌とピアノという最小限の構成にされた、とトークで拝聴しましたが、確かに演奏者の音色や想い、作品の素晴らしさがストレートに聴き手に迫ってきたように思いました。

特に心に残りました。特に《子と母》はシューベルトの「魔王」にヒントを得たものか、《セレナード》、《子と母―対話》、《バレェのための二つのエール》、《自由こそ！》など、と書かれてありましたが、とても面白い作品でした。

また、座席使用禁止の絵がポリーヌのイラストだったこと、そしてアンコールの曲目がその裏に書かれていたことなど、様々なご配慮が洒落ていて、とても豊かな時を過ごさせていただきました」

しつこく付け加えると、衣装については他に3人ほどの方も同じことを書かれていた。しかし、これは全くの偶然の結果であって、事前の打ち合わせは一切なし。とはいえ、緑色が期せずして3人の基調であったことは本当に嬉しかった。ちなみに、私の着たツーピースはほぼ20年来の一張羅であり、飾りは例によって「九条真珠」だけ。

アンコール曲は普通、記録に残らない。そこで「過密」対策として、虫に刺されマスクをつけているポリーヌの自画像を、各座席の背に張り付け、その自画像の裏面に歌詞対訳と解説を記してお持ち帰りいただこうと思いついた。これはポリーヌの画才を喧伝することにもつながるから、良いアイデアだったと自画自賛している。

そのアンコール曲《カディスの娘たち》――作詞はＰ30のカリカチュアを画いたミュッセである――の後、演奏者お2人にマイクを渡し、それぞれの肉声もお聞きいただけたことも正解だった。そこで、波多野の誕生日（3月24日）がポリーヌの姉で伝説の大歌手マリブランと同じだったこと、また作曲家でもある山田がポリーヌの誕生日祝いとして、コンサート冒頭に置いた《こんにちは、わが心》（巻末附録の楽譜を参照されたい）をアレンジしてくださったことも加わって、花束贈呈もない最後が、何とも贅沢なエンディングとなった。これ全てポリーヌからの贈り物、実施できて本当によかった！　と安堵の想い一杯で帰路についたのである。

本来の「結びに代えて」とするならば、著者自らの最終的ポリーヌ・ガルシア＝ヴィアルド像を描き上げるべきであろう。けれど、それは私ごときにはとても手に余る課題であることを、もう1度はっきりさせなければならない。もう、勘弁して、と叫びたいほど、今まで知らなかった歌曲を新たに一つ一つ知るにつけ、驚き感動し、言い表す言葉がないのだ。選ばれた歌詞が、ありきたりの抒情や描写ではなく、遠い15世紀からポリーヌと同時代の詩人たちの、それぞれに生きた時代の背景を詠んだ内容になっていることを、遅まきながら学ぶこととなった。それに対応するポリーヌの筆致が、なんとも朴訥な民謡調から夜と暗闇の不気味さまで描き分け、言いようもなく多彩で、創造力（想像力？）豊かなのだ！　しかも、いわゆる「現代音楽」特有のわかりにくさや、不協和音のコンクール？と思わされるような威圧感とは無縁である。こんな作曲家は本当に聴いたことがない。サン＝サーンスが「必要に応じて、古典的にも、前衛的にも作曲できる」と語り得たのは、ポリーヌのこの天才ぶりをまじかで観て、聴いたからこそだったのである。

筆者の義務として、最後に、独断と思い込みによるポリーヌ像を呈したい。

〝フェミニスト・ポリーヌ〟である。私の言うフェミニストとは、男を貶めて女の権利を声高に叫ぶ人ではない。すでにLGBTを自ら体現していたポリーヌにとっては、「おとこ」や「おんな」の区別など必要なかったからだ。生き方を決める上で性による根源的な区別がない以上、ポリーヌは音楽のみならず、地球上で生起する事柄全てに対して、等しく本気で対処していたのではないか。同時に生活者として衣・食・住の細部にまで配慮し、徹底的に弱者に寄り添う。大げさな組織や公的機関を介在させず、あくまで自分の手・耳が届く範囲内で動く。パリ音楽院声楽科教授を早々と辞任した理由、すなわち歌に必要な教育のすべてを自分一人でまかなうほうが実効性高く、よい結果になるとの信念も、そのはるかな反映であろう。環境運動の標語「地球規模で考え、地域単位で動く Penser globalement, agir localement」そのものである。今私が抱くフェミニスト像とはこれ、すなわち女だけの問題では全くない。

ポリーヌの衣・住に就いては、ある程度想像できる。舞台衣装のデザイン・縫製、友人たちを描いたスケッチ、住居の画など、ポリーヌ自身が遺した例がいくつかあり、加えてごく身近な人物たちの手になる絵画や写真も見られるからだ。

食については、ほとんど手がかりがないのだが、ジョルジュ・サンドがいかに地産地消の精神でノアンの食卓を整えたかを窺わせるエッセイ〔B82〕がある。「ジャムは、自分で作らないといけないし、その間少しでも目を離していけません。それは1冊の本を造るのと同じほど大切なのです」というサンドがあたかも娘、あるいは恋人のように慈しんだポリーヌも、おそらく同じ構えであったろう。娘ルイーズによれば、「ポリーヌは蟻のように、一時も働く手を休めることはなかった」。ドゥエ街のサロンでは、始めにクッキーとお茶を振舞うのが通例だったとか。だがもう少し具体的な食情報は？……と焦るうち、ヴィアルド夫妻がロシアから戻って購入したクールタヴネルの別邸の説明の中に、食卓風景が出てきた。

ポリーヌ宅の食卓風景

クールタヴネルはルネサンス様式のいかにも典雅な城館ゆえ、きっと豪勢な食卓だろうと思いきや、ケンドール＝デイヴィス〔B52〕の該当箇所（p365）をそのまま引けば——前菜がコンソメとパテ、メインにいろいろな豆類と透けて見えるほど薄く切ったハム、ジャムを添えた小さなパンケーキもしくはオムレツがデザート——これがいつもの夕食という。ジャムは手造り、パテもルイが仕留めたジビエが材料だったかもしれない。日本風の食卓に喩えれば、味噌汁と漬物、豆の煮ものと目刺し、茶饅頭くらいだろうか？　いずれにしてもヴィアルド家の暮らしぶりは実につましく、質素だった、とある。

ついでながら、中世の宗教者ヒルデガルト（Hildegard von Bingen 1098～1179）が自給自足でまかなった女子修道院におけるレシピを解説した書を、落合恵子主宰のクレヨン・ハウスでたまたま見つけたので紹介したい〔B65〕。時代は700年も隔たるものの、ポリーヌもサンドが〝女司祭〟と見做したとおり、作曲、歌唱、女性教育を通して、世の平安と幸福を希求した存在だから、両者の心性には通底するところがあっただろう。著者ジャニー・フルニエ＝ロッセは子供5人、孫15人の大家族の主婦としてさまざまな調理機会に恵まれる中、ベネディクト会修道院長、聖女ヒルデガルトの思想から直感的認識を得て献身修道会士となり、「コルドン・ブルー」（料理の達人の意）の異名もとったという。中世修道院発の食品がブランドとして持て囃される昨今、蓄積されたハーブの知恵を踏まえたヒルデガルドの薬膳こそは、さらに、もっと広められ、実践されたら良いのだが。

上記の書に収録された150のレシピから、ヒルデガルド本人によると確認されたものを1つだけ紹介しよう。「便通をよくするジンジャー・ビスケット Biscuits laxatifs au gingimbre」である！　粉500グラムに生姜12グラム、甘草、蓬、砂糖、水少量を混ぜ、好みの大きさにして焼くというもの。簡単至極の調理法、食材も最小限だが、「血液中の脂肪を正常化、健康を維持し病気を予防する万能薬」とある。私も便秘に悩む身なので、すぐにも実行してみたい。だが、自作《新しい共和国》初演への参加を頭痛のため断念したポリーヌはヒルデガルドの存在を知っていたのかしら？　もしそうなら聖女の特効薬レシピを、試してみて欲しかった……。

医食同源は理の当然、それこそ教育の根幹に据えなければなるまい。宇宙全体は自然との驚くべき緊密な関連により、季節ごとに最もふさわしい食物を生き物に用意してくれるのだから、旬の果実や野菜をとることが最良であり経済的でもある。そしてあらゆる食物を扱う上で何より大切なもの、それが〝愛〟なのだ、とヒルデガルドは説いている――著者フルニエ＝ロッセのわかりやすい解説には感謝しかないが、残念なことに、そこには作曲家ヒルデガルドという視点が全くない。

かの聖女にとっては、医療も、食餌も、そして音楽すなわち聖歌も、等しく祈りに繋がる営為だった。聖歌も耳から摂る栄養／薬だから、すべてが混然一体、つながっており、1つの面だけを切り離すことはできないはずである。とはいえ神学者、修道者、薬草専門家ヒルデガルドは、かなりの人がすでにご存じだろう。けれど女性作曲家第1号？としてのヒルデガルドの存在証明も映像資料――楽譜やCD音源、さらにBBC制作の見事な2枚組DVDドキュメント〔日本語版D5〕も併せ、今やあふれるばかり出ているのだから、それらがもっと活用され、女性作曲家の復権に繋げて欲しい。

ところで、音楽人ポリーヌにとっては、オーケストラや劇場といった大げさな道具立ては必要なかった。オペレッタなど劇作品が多数あるが、歌うのは娘たちや教え子たち、オーケストラに代わるピアノは自身が引き受け、台本はツルゲーネフに委ねるなど、家族同然の仲間を総動員して、大方自邸で実演していることからも明らかだろう。

1例を挙げよう。1867年の《最後の魔法使い》の初演はバーデン＝バーデンのツルゲーネフの山荘にて、歌とピアノ伴奏のみで行われ、聴き手は少数の貴顕・知人に限られていた。２年後ヴァイマルやカールスルーエでの再演はしかし、リストも協力して室内オーケストラ伴奏で行われたという。流石のポリーヌも、オーケストラの扱いには疎かった、とみるのはサン＝サーンスだが、逆にポリーヌは、オーケストレーションは楽器それぞれの音域や基本的知識さえあれば、ある程度機械的に進められるから人任せでも構わない、と感じていたのではないか。作曲者の本源的な能力を試され、発揮できるのは、シンプルな旋律つまり「歌」とそれを支える伴奏にほかならない——この認識はモーツァルトの自筆譜研究からも証明されている。『女性作曲家列伝』〔B48〕の最後にインタヴューさせていただいた藤家溪子も、在学当時の芸大作曲科の卒業試験をオーケストラ作品ではなく、歌曲にすべし、と発言していた。ちなみに藤家は現在、西アフリカのブルキナ・ファソの人々とのコラボで、フランス植民地政策の悪辣な遺産に今なお苦しむ現状を告発する民俗的オペラを制作し、「音楽で世界を変える」べく言葉に尽くせぬ驚愕の活動を実行している。一歩でも良い方向に進むよう、願うばかりだ。

ポリーヌは本当の意味での〝フェミニスト〟

さて、音楽関係者にとっては当然の認識が、他の領域の専門家には通じない、という困った実態は、どうにも解決が難

◀ツルゲーネフのバーデン＝バーデンの山荘
（旧ティールガルテン通り在）

しい。ポリーヌが素晴らしい作曲家であることを、ツルゲーネフ研究者たちは過小評価していた。だが、抜きん出た実績を示す女性たちは、たいていの場合、多方面にわたる能力を発揮している――さまざまな領域の女性の実績を少しづつ知るに及んで、いつも驚きを禁じ得ないのがこの事実である。音楽を例に取れば、ピアニスト＝作曲家は言わずもがな、彫刻（エミリエ・マイヤー）や電信技術（エルフリーダ・アンドレェ）など、音楽からは離れた思いもよらぬ領域で、名を遺している女性作曲家もいるのだ。

改めるまでもなく、ポリーヌはそのような〝マルチ・タレント〟の典型である。加えて言葉の本当の意味で〝フェミニスト〟だったのではないか。このことは冒頭ですでに明記したけれど、なかなか理解は共有されないのではと恐れ、改めて私の考えるところを説明させていただく。

〝ジェンダー〟〔フランス語ではジャンル genre〕が、そもそも書き言葉という男性支配社会のツールから曖昧に拡大した差別であるからには、〝フェミニスト féministe〟の意もしっかりとらえ直さなければならない。愛用している小学館ロベール／仏和大辞典（1988）の当該項目を一瞥すると、〝女＝femme〟に由来する語彙の膨大さ、しかもそのほとんどが否定的、侮蔑的な男視線で確定された意味であることに驚き、呆れるばかりだが、この問題に付き合っている暇は、今やない。

1点だけ、許される定義が「féministe＝女性解放論者」。併記されている「女権拡張論者」はいただけない。「拡張」を要求する前に、生まれついての差別から解放されなければ、女のまともな生は望めないからだ。本心としては生まれる前から、と言いたいほどである。人間以前の、生きとし生けるものすべてを護る自然界の事物と良くも悪くも同一視される「おんな」。つまり女は人間にあらず、男に支配されるモノ、道具でしかない。そのような「弱きもの」が、既成権威から解放され、本来の力と強さを取り戻し、自由に活動できるよう要求すること。「解放」が目指す相手＝目標は、したがって、子供を産む・産まないにかかわらず、支配社会によって簒奪され、利用し尽くされ、挙句に破壊されてしまう人間世界のすべて。つまりは「緑」に象徴される自然環境そのものである。

生誕200年記念として、ポリーヌを主題とするCD、動画、PC情報が続出する中、最新の歌曲集〔D14〕は、ピアノ伴奏を受け持ったフランソワーズ・ティヤールの次のような言葉で結んでいる。「快活に、ときに悲劇的に、歌心あふれ、昔を懐かしみ、伝統を尊びつつ、ポリーヌ・ヴィアルドは人生のあらゆる様相を迎え入れ、信じられないほど巧みに、ロシア語、ドイツ語、イタリア語、スペイン語を扱う。まさに、この地上で起きる事柄で彼女に無縁なことは何もないのだ Rien ne lui est étranger qui se passe à la surface de la terre」。

私の言いたいところとしっかり重なる一文なので、これ以上の駄弁は不要と言いたいところだが、4年前の2018年、《最後の魔法使い》の全曲録音〔D12〕が出ていたのに、それを聞き通さずいたので、慌てて解説ブックレットに当たったところ、こちらはポリーヌを全面的に〝フェミニスト〟ととらえ、これ以上望めないほどの記述がなされているではないか！　作曲者名を旧姓―婚姓の順でGarcia＝Viardotと明記している点にも、心から共感する。

◀《最後の魔法使い》〔D12〕のCDジャケット　出典〔B35 p.60〕

その昔、楽しく暮らしていた森の妖精たちを横暴にも力づくで追い払い、大地の調和を破壊してしまった魔術師が、みずからの娘と彼女に恋した王子、妖精の女王、不運な召使などの協働に押され、次第に謙虚の心をはぐくみ、愛とは何かを知り、自然世界と相和する生き方に目覚めていくという筋書き。全2幕で演奏時間は70分。録音に参加した顔ぶれも、主役魔法使いは黒人男性、ピアノはアジア系の女性。歌い手にロシア系、ラテン系、ヒスパニック系まで、まさに多彩だ。王子役はメゾ・ソプラノに委ねてあり、両性具有的なポリーヌのキャリアも意識しての配役であろう。

だが何より特筆すべきは、語りを担当したトゥルーディ・スタイラー Trudie Styler の経歴。ロイヤル・シェークスピア劇団の中心俳優としての本業とともに、映画製作、ワイン醸造、有機農業、環境保護、人権運動、ユニセフの大使としてアマゾンの熱帯雨林保護のため世界を駆け巡って活動中という。しかし何を措いても、このCDのキャッチ・コピーこそは、本章の結びとして何よりふさわしく思われるので、以下、引用する。

「19世紀の最も影響力あるアーティスト〔すなわちポリーヌとツルゲーネフ〕による《最後の魔術師》は、力と進転、ジェンダーと平等、絶えず変わりゆく世界における自然秩序の復興というもろもろのテーマと響き合う—これはオペラの形をとった、フェミニストによるエコロジーのおとぎ話なのである」。

音楽史は、少なくとも19世紀音楽史は、ポリーヌ・ガルシア＝ヴィアルドを軸として、真摯に書き変え作業を始めなければならない！——これは私の宿願である。

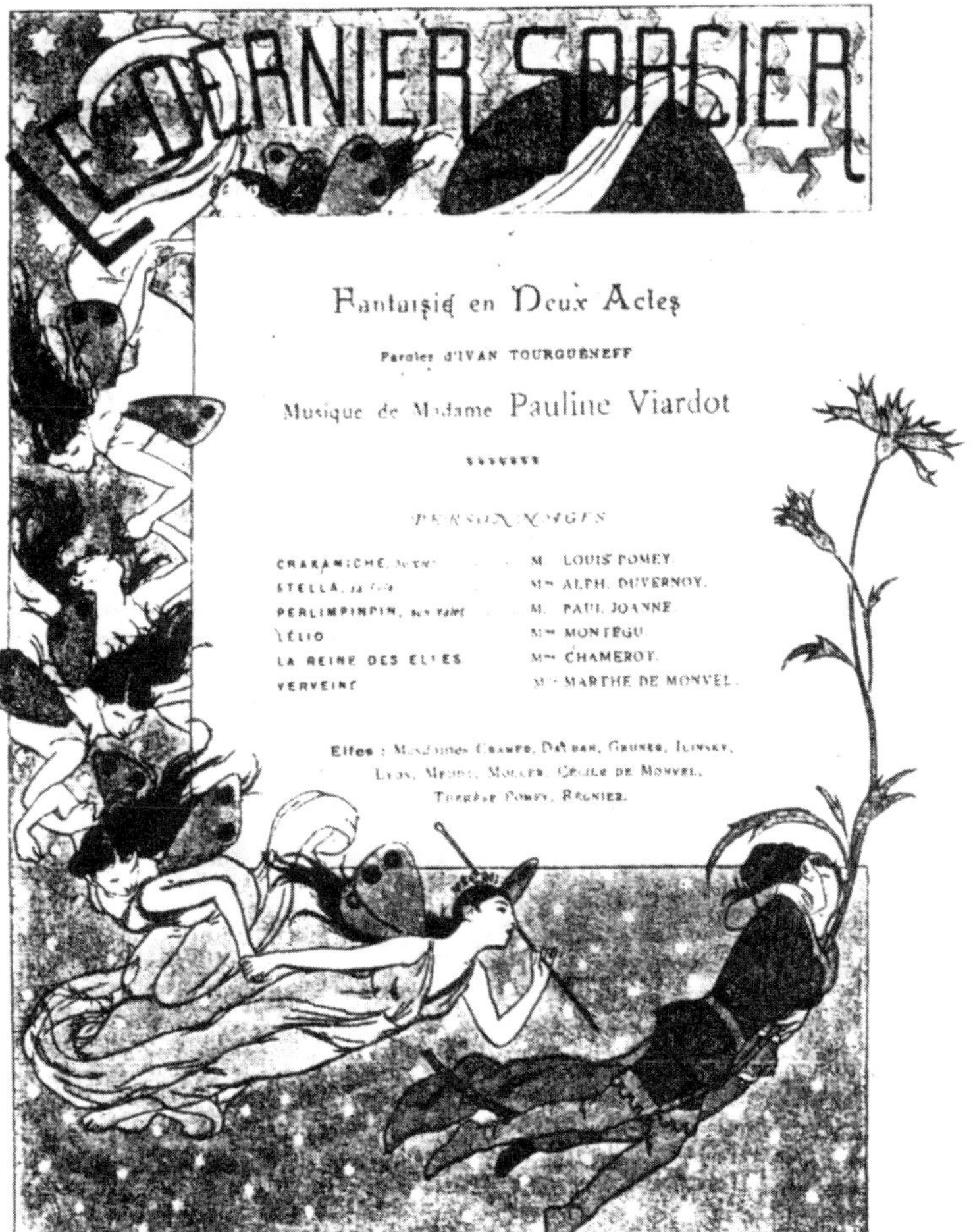

▲《最後の魔法使い》初演のチラシ

あとがき

今やＳＮＳ、ＩＴ技術の驚異的拡散発展により、現地に赴かぬ限りは無理、と従来考えられてきた雑誌、楽譜、書籍、画像などの情報が、著作権切れでありさえすれば、ほとんどが居ながらにして見聞きできる時代である。ＰＣを達者に扱う人々にとっては、どのような研究も可能な事態となったのだ。この動き、勢いはどのように抗ったとて、留めることは最早できないであろう。

80歳を超えた完全アナログ人間の私としては、これはしかし、何としても受け入れがたい現実である。本書を造ることを思い立った当初から、いまさらＩＴをにわか勉強したとて絶対身につかぬ、と自信?があったので、いっそのこと、とことん旧式なやり方で最後まで、と開き直ってしまった。つまり、自分で入手した現物資料、対面で得た情報知識、折々の機会に印象付けられた事柄や感想などだけで、本書をまとめてみることとしたのである。

そのため、場違いな個人的な雑念やメモまで動員することとなった。だが自国がいつ戦禍に巻き込まれ、わが身もどうなるやら分からない現下、本気で遺言に代えて、というつもりもある。本書はあくまで小林個人が直接知り、かかわった範囲内でまとめ、整理した結果であり、新たな調査・研究の発表ではない。これを改めてお断りさせていただく。

その意味で言いたいことはほとんど書き終えた。この「あとがき」では、文中でお断りせず敬称を一切省き呼び捨てでお名前を挙げた方々、そして本書作成のきっかけとしたポリーヌを顕彰する3回のコンサートに出演していただいた演奏家及びご協力いただいた方々への、謝辞を記させていただきたい。

それにしても、音楽、歴史、研究、市民運動、食、台所、掃除、水、空気、匂い、日々の生活―これら、生きとし生けるものにとって、私たちを取り巻くあらゆるものが真剣で切実な事柄のはずだ。だからこの夏の参議院議員選挙結果がどうなるかにこの国のこれからが左右される。すこしでも生きやすい世の中を実現できそうな候補者、政党を応援するのに必死で、7月に入ってからの数日間は、本書の執筆も後回しにせざるを得なかった。

話は大きく変わるが、「長周新聞」という下関に本拠を持つ新聞をご存じだろうか？　週3回発刊で月間購読料1500円。同紙2022年6月3日号には、『芸術は政治を超える―文化人ら投稿』と題する興味深い記事があった。当該部分を引用する：

「加熱する滑稽なロシア文化・芸術の排斥……3月初めに開かれたヨーロッパの樹木コンペティション〝ツリー・オブ・ザ・イヤー〟で、ロシアの候補である『198年前にロシアの作家ツルゲーネフによって植えられ、最近強風で破壊されたといわれる樫の木』を、ウクライナ問題を理由に失格としている。このイベントは『古い木の歴史を祝い、自然を保護するという共通の目的で国家間の絆を確立する』ことを目的に掲げているのだが……」

ついでに加えると、ブジヴァルのツルゲーネフ終の棲家は別名〝レ・フレーヌ Les frênes（トネリコ）〟とも呼ばれる。家の脇に添うようにそびえたつこのトネリコは、あらゆる木のうちで最も大きくなり、全世界をその枝で覆う宇宙樹とされ、北欧神話で重要な役割を持つという。右記した樫の木と同一視はできないが、ツルゲーネフが隣接するポリーヌ一家と家族を超える親密な時間を共有し、亡くなった場所の象徴として、大きな樹が根を張っていたという事実に、不思議な繋がりと温さに包まれたように感じた。

ともかくウクライナ同情一辺倒で、ロシア憎し！に固まるメディア状況の中、本紙はあの安倍の地元とは到底考えられないほど、歴史の現在と過去をあぶりだす報道姿勢に徹した4ページだけのタブロイド版である。挟み込みページがないので、扱いやすく嵩張らない。日常の心和むエピソードや文化面にも目配りした紙面造りだ。一愛読者としてこの「長周新聞」の購読者が増えて欲しいとの願いから、敢えてここに書き込んだ。

そうしたところへ衝撃の情報！「アベ政治を許さない」と印刷した大きなバッグを持ち歩き、〝反安倍一人サポーター〟を数年来演じ続けてきたのだが、その安倍晋三が、7月8日、銃撃され、死亡した。史上最悪の政治屋とも言いたいこの人間を国葬で送るという案が浮上していると誇らしげ？に報じるNHK。大手日刊紙（朝日、毎日、日経、読売、産経）による事件第一報が、すべて全く同じ文言とデザインだったことからも、この国の政治とメディアの、底なしに不気味な癒着ぶりが窺えよう。とりあえず私はNHKに抗議の電話を入れたが、国葬反対声明は、大小さまざまな政治と距離を置くグループからも、自然発生的に湧き起こっている。

ミヤンマーもアフガニスタンも政情は泥沼化、知人が多いヨーロッパ南方では異常高温と乾燥による山火事が頻発中だ。そうした事態がいつわが身にふりかかるかもしれない……せめて他者に迷惑が及ばないよう、日々思いを引き締めて生活することとしたい。

「陽を海を　星を見るもの　和を愛す」――ＥＵ初代大統領ヘルマン・フォン＝ロンパイが２０１５年に東京新聞「平和の俳句」に投稿した1句である（２０２２年7月18日再掲）。生きとし生けるものを悼む思いにも広く通じるのではないだろうか。

さてようやく、冒頭に記した「あとがき」の趣旨、つまり本書の発端から完成までに私を支えてくださった方々へ、本文と重複する部分があるのを承知のうえで、謝辞を述べさせていただく。時間切れで記し切れなかった方々も多い。本書が無事刊行されたなら献呈させていただくことで、お詫びに代えたい。どうかご了承くださいますように。

♪まず、ポリーヌを顕彰したコンサートにご出演くださった方々（お名前のみ）：
「歌うヴァイオリン：ヴィアルド一族の室内楽」（２０１０年5月18日：津田ホール）
ヴァイオリンの小林美恵さん
ヴァイオリンの大谷康子さん
ヴィオラの百武由紀さん
チェロの神田雅治さん
ピアノの山田武彦さん

「ポリーヌ・ヴィアルドと〝うた〟—歌曲、ピアノ曲、室内楽〜その多彩な魅力を探る」（２０１２年3月24日、津田ホール）
ソプラノの野々下由香里さん
メゾ・ソプラノの波多野睦美さん
ヴァイオリンの長尾春花さん
チェロの江口心一さん
ピアノの山田武彦さん
ピアノの前田拓郎さん

「ポリーヌ・ガルシア＝ヴィアルド生誕２００年記念コンサート」（２０２１年7月18日、王子ホール）
メゾ・ソプラノの波多野睦美さん
ピアノの山田武彦さん

「ポリーヌ・ヴィアルド生誕２００年をめぐって〜ヴィアルド母娘およびバーデン＝バーデンで同郷のルイーゼ・アドルファ・ルボーの室内楽」（２０２１年5月29日、流山市生涯学習センター）
ヴァイオリンの佐藤久成さん
ヴィオラの村田恵子さん
チェロの江口心一さん
ピアノの内門卓也さん

（このほか、女性作曲家をテーマとしたコンサートに度々ご協力頂いた演奏家を全てご紹介できませんが、改めてこの場を借りて感謝申し上げます。）

♪つぎに、弔辞と重なってしまい無念極まるが、昨今亡くなられた方々：

1．関千枝子さん：2021年2月逝去。女性九条の会を牽引されたジャーナリスト。広島高校時代の同級生全員が8・6で被爆した中、体調不良で欠席してひとり命を救われたことが活動の原点。音楽もお好きで、大谷康子さんの追っかけだったとは、この上ない喜びだった。

2．金子幸代さん：2021年5月逝去。森鷗外の『椋鳥通信』及びその女性論の研究者。父権的とばかり思い込んでいた鷗外の意外な実績を教えられ驚愕した。その金子さんが富山大学に転任された理由が、東京での前任大学にて後輩のセクハラ被害を告発したことに起因すると知り、絞り出す言葉もない…

3．ミシェル・フリアンさん：2021年12月逝去。オギュスタ・オルメスとポリーヌを主軸に、パリ内外でレクチャー・コンサートや現代のサロンに倣う講演会など継続。パリのご自宅で何度もご馳走していただいた。男性名と同じ響きながら、Michèle の綴りが示すように女性。

4．井上輝子さん：2022年2月逝去。和光女子大学のアカデミズム内に留まらず活動家としても旺盛に発信。ある私立音楽大学の新任女性教員からジェンダー講義の相談を持ち掛けられ、女性作曲家も取り上げるべしと、講師の一人に私を指名してくださり、そのジェンダー講座に参加できたのは、まれな事例だった。その御恩に報いる形が残せたどうか…？

5．西阪多恵子さん：2022年5月逝去。「女性と音楽研究フォーラム」の事務局も担当しつつ、女性と音楽の関係をテーマとした博士論文を基に、単著『クラシック音楽とアマチュア』を完成された。当初から女性作曲家研究の根源的重要性を見通された貴重な同志だった。

♪本書作成に直接的なご協力・情報をいただいた方々：

6．坂口千栄さん：ソプラノ歌手。ポリーヌの作品カタログを私家版として見事に作成された。フランス歌曲の師であるポン＝ダガリエさんを紹介いただいたことも、実に有難かった。

7．水越美和さん：お茶の水女子大学にて声楽を専攻、ポリーヌのオペラ歌手としての活動とガルシア家を主題に、ＩＴを駆使して情報量満載の博士論文を完成。母校で教職にも就く。

8．平高典子さん：玉川大学教員。近代日本の女性音楽家を専門とされていたころに、鷗外の『椋鳥通信』を送付くださったことから、私のポリーヌ研究が本格化した。

9．谷澤由起子さん：鷗外に次ぐ稀有の日本人として、ポリーヌとツルゲーネフの関係の詳細を１９８３年『婦人画報』に連載。ポリーヌの孫夫妻とパリで親密に交流されたという。２０１０年没後１００年記念コンサートを偶然知り来聴くださったのを機縁に、直接対面できた。

10．山口順子さん：日仏女性研究学会員。２０１４年国際女性デーでの「フランス女性作曲家を聴く」コンサートで、パントマイム《日本にて》を一部紹介したことからありがたいご縁が生まれた。台本作者サビーヌ・マンセルについての情報を、丸ごと頂戴できたからだ。

11. 佐々木祐子さん：ピアニスト。和洋女子大学の期末コンサートにも度々ご出演。さらに《日本にて》室内楽用改変版を実際の音にしていただき、それを録音できたのは、いまだにこの貴重な作品の音源が皆無なだけに、たとえようもない喜びと恩義を感じている。

12. ジャン＝マルク・ポン＝ダガリエさん：パリ第7区音楽院にて、ピアノと歌を指導。ポリーヌの絶版楽譜コレクションから貴重なコピーをいくつも送付していただいた。

13. アレクサンドル・ジギリスキさん：ブジヴァルのツルゲーネフ記念館長。《日本にて》を室内オーケストラ用に改定したポリーヌ自筆メモをご恵送いただき、7章の内容が拡がった。

14. 渡辺千栄子さん：国立音大の同僚として永のお付き合い。今回は《日本にて》のポリーヌ自筆の室内アンサンブル用メモをPCに転換する難しい作業をお引き受けいただき、深謝する。

15. パトリック・バルビエさん：歌手と声の歴史研究の第一人者。2012年にポン＝ダガリエ宅でポリーヌ・ガルシア問題を論じ合った際に、その深い学識と優しいお人柄に感銘を受けた。

16. ヨアヒム・ドラーハイムさん：カールスルーエ在住、ドイツ・ロマン派音楽研究でも信頼の篤い研究者。1999年バーデン＝バーデンでのポリーヌ展を主催され、そこで自己紹介代わりに『列伝』を贈呈でき、本望だった！　200年記念コンサートで過密対策に活用したマスク掛けのポリーヌの自画像も氏の所有と思われるので、遅まきながらここで御礼申したい。

17. 南谷周三郎さん：決して絶版にしないことを社是とするクラシック音楽専門出版社シンフォニアの代表。マヌエル・ガルシア2世の歌唱理論の翻訳は本書にとって不可欠の資料である。

18．吉住亜矢さん：社会学中心ながら音楽関係も出版する新評論の編集者。ジャンケレヴィチ著『フォーレ』共訳（２００６）でお世話になった折、私の分厚い手書き原稿の束を厭わず綿密に校閲していただいた。その後も石井筆子の新刊書の情報など、嬉しいご縁が続いている。

♪所属機関や同窓関係で協力いただいた方々：

19．金順基さん：フランス政府留学生で同期だった女性アーティスト。韓国伝統文化も最先端の視覚表現もお手のもの、パリ近郊の大きな田舎家で一人暮らしつつ、執筆や個展開催で活躍。２００１年パリの日本文化会館で開催した「日本の女性作曲家とタイユフェール」にも馳せ参じるなど、その気配りと友情には幾重にも感謝する。

20．古庄弘枝さん：意外な女性職人の紹介、夫婦だけのマンション建設など、興味深い重要なテーマで健筆を揮う。今は5Gの危険性を緊急告発中。私たちのコンサートの常連でもある。

21．山口文代さん：流山や鎌ケ谷の男女共同参画課関係で女性作曲家の講演会やコンサートを度々設定していただいた恩人。講師選定には厳しく、その点でも頼もしい活動家。

22．鷺見八重子さん：英国女性作家の研究者。国連ウイメンの重鎮。２０００年以降和洋女子大学の非常勤講師に迎えてくださり、同大学内の階段教室で女性作曲家のコンサートを学期末に継続的に実施した結果、私の演奏家人脈の拡大およびレパートリーの探索につながった。

23．中島明子さん：住居学の専門家。日本科学者会議にお誘いくださり、音楽愛好者が多い同会でミニ・コンサートやＺＯＯＭ講演を実施。スウェーデン女性作曲家との接点もいただいた。

24．藤家渓子さん：『列伝』での対談を発端に当初から作曲と女性・メディア関係に通底する問題意識を共有させていただく。音楽家のご家族全員と世界的な視野で活動。今は単身アフリカにて俳優としても参画しつつ、演出を頂点に置く序列を解体して観客・出演者が自在に融合する演劇により、平等・平和な暮らしを実現すべく八面六臂の活動を展開している。

25．川田忠明さん：杉並の女性グループの会で偶然目にした「祈りはどこにあるか」の連載記事でオペラとクラシック界のジェンダー偏向を男性が批判していることに驚き、快哉を叫ぶ。原水爆禁止運動の主導者として多忙の中、快著『アート・女性・世界』を送付いただいた。

26．佐々木なおみさん：東京藝大楽理科の後輩。『列伝』に貴重なストロッツィ論を寄稿、イタリアこそバロック音楽の根源としてシチリアから精力的に音楽情報を発信、２０２１年のイザベラ・レオナルダ生誕４００年企画も秀逸だった。随時届くご当地の自然風景も美しく楽しい。

27．玉川裕子さん：桐朋学園大学教員。女性と音楽研究フォーラム前代表。５章のために拙稿のドイツ語訳をお願いした。女性の音楽教育とジェンダー問題に主眼を置かれている。

28．守屋朋子さん：２０１９年世田谷市民大学講座の受講生のお一人だが、実はＩＴ企業の経営者・役員。唯ひとりの女性として、様々な場からも意見を求められる中、趣味のヴァイオリンとヴィオラで愛好家仲間とともに知られざる女性作曲家の室内楽コンサートを継続実施中。

29．港大尋さん：国立音大卒業生。ピアノ、打楽器、三線までこなすパフォーマー。「学園坂スタジオ」主宰者として２０１７年以降連続講座を依頼いただき、反体制の心情やそれを主題とした動画の試写など、受講者と共有できた。現代の演奏と社会問題を繋ぐ論客でもある。

30．上方武文さん・綾子さん：初対面の挨拶がわりにお渡しした『列伝』にご夫妻揃って熱く反応され、以後主宰される「はなもく会」の講師としてお呼びいただき、感謝の念は尽きない。

武文さんは建築家、長女はドイツ語圏で30年以上ピアニストとして活動中。

31. 長谷川イザベルさん：ポアチエ大学修士卒業。パートナー・輝雄さんのフランス留学中に知り合われ結婚、来日。吉祥寺のご自宅での「19世紀フランス女性の生活を知る会」に通い続けたのはイザベル・ケーキの引力？　拙稿の仏語訳チェックを毎回快く仕上げていただいた。

32. クリスチーヌ・レヴィさん：ボルドー大学社会学教員。明治期の原資料を完璧に読みこなす日本語力を駆使しての20世紀初頭戦時下の詳しいご発表に驚愕した。２０１９年リヨン第３大学博士論文審査員に私を推薦されたのは過大評価でしかない…穴があったら入りたいとはこのこと。

33. 中條千晴さん：日本のポピュラー音楽とジェンダーをテーマにリヨン大学博士号。右記論文審査に連なったご縁から翻訳『博論日記』（２０２２）を頂戴した。マンガの形で高学歴ワーキングプアたるパリジェンヌの泣き笑い人生を活写、今の日本にそのまま通じる一書では？

34. 佐藤東子さん：既成の拙論いくつかを本書で再利用できるよう、横書きに入力し直していただいた。都立駒場高校同級だった親友の末娘。アイルランド在住の体験を活かし活動中。

♪様々な方面でご協力いただいている演奏家・音楽関係の方々：

35. 寺尾沙穂さん：シンガー・ソングライターとして高名だが、喫緊のテーマによる書評活動と、修論を基にした『評伝・川島芳子』、サイパンでのフィールドワークによる『南洋と私』などの著は圧倒的な迫力だ。沙穂＝サッフォという命名の因と、そのサッフォに発想したオペラがポリーヌの代表作でもある奇縁に敏感に反応され、その後の交流の基ともなった。

36. 三好優美子さん：ピアニスト。東京女子体育大学教員。歴博特別企画の「石井筆子と天使のピアノ」にて、アンドレェとグレンダール作品を楽器の特性を生かした演奏で大好評。

歴博公式チャンネルYOUTUBEにて動画が今なお発信中なので、ぜひご覧いただきたい。

37. 中山明美さん：パリ音楽院声楽科卒業。パリの現場で鍛えられた感性を活かし、帰国後の２０１４年、日仏女性研究学会による国際女性デー記念コンサートでポリーヌ歌曲を好演。

38. 枝並雅子さん：国立音大付属音楽高校教員。ドイツリート専門ながらポリーヌの歌に魅了され、生徒たちと共同作業でポリーヌの合唱曲にも取り組んでいる。刺繍やお菓子造りも得意。

39. 吉岡優子さん：ピアニスト。桐朋学園高崎音楽教室教員。女性作曲家と、知られざる作品を広める会の当初からの協力者。その温かい人柄と柔軟な身ぶりが優しい音楽性を証明する。

40. 山口裕子さん：ピアニスト。聖徳大学講師。住まいが近く、演奏も譜捲りもお願いできる友人。留学中の武勇談から、力強い演奏能力と食へのあくなき関心の源が納得できた。

41. 池山由香さん：南米の民族楽器アルパの奏者。国立音大での受講生でもあった。女性9条の会、梨の木舎、ソロプチミスト小金井の会でのミニ・コンサートで、音楽はクラシックばかりではないと参加者の視野を広めていただいた。

42. 町田明子さん：国立音大卒、いまは広い問題意識を共有できる若い友人。沖縄を経て東京で音楽教師と落語家を両立すべく奮闘中。落語界の女性噺家問題にも気付かせてもらった。

♪音楽専門ではないが、社会・政治領域から力をいただいている方々：

43. 横山百合子さん：日本近世史研究者、元歴博教授。慰安婦問題研究会にて江戸時代の芸妓問題を発表された際、バロック時代ヴェネツィアの女性演奏家との共通性を初対面ながらお伝えしたことから、歴博における「石井筆子と天使のピアノと女子教育」の企画に繋がった。

44. 内田順子さん：歴博教員。「天使のピアノと石井筆子」の滝乃川学園における録画作成の監修者。これを機に歴博にてクラシックの女性作曲家が意識される雰囲気が醸成されたと期待する。

45. 池田忍さん：日本美術史研究者。近編著『問いかけるアイヌ・アート』が証するように、日本のみならず非主流？の視覚表象とジェンダーを多面的に論及される。ジェンダー史叢書『視覚表象と音楽』の共編著者としてお誘いいただき、「消される女性作曲家たち」を寄稿できたのは望外の喜びであった。フランス近代の女性作曲家メル・ボニスがお気に入りとか…。

46. 吉良智子さん：故若桑みどりさん主宰のイメージ＆ジェンダー研究会で知己を得た。今やコマーシャル、メディア、戦場を覆う女性表象の歪みを告発して大活躍。「知られざる作品を広める会」にも参加されたご縁で、ご著書『女性画家たちの戦争』を頂戴した。

47. 醍醐聡さん：東大名誉教授。私がＮＨＫ経営委員在任中から、ＮＨＫを励まし監視する会として鋭く問題点を指摘・追及されており、心底信頼できる識者と尊敬する。今回も個人的立場から、安倍襲撃事件の政治的背景を隠ぺいするＮＨＫに、明快に抗議表明された。

48. 内野光子さん：歌人として、天皇の詩歌に込められた政治性を解明しつつ天皇制を正面から批判。女性作曲家のコンサートにも参加いただいている。

49. 落合恵子さん：クレヨンハウス主宰者、作家。私にとっては元経営委員としてＮＨＫ会長候補に推薦させていただいたことが何より貴重な接点だ。夢はかなわなかったが、女性会長がＮＨＫを率いてくれたら世の中は変わる…との期待はいま更に膨らむのだが…

50. 熊谷博子さん：映像ドキュメンタリー作家。地元杉並の同志、映画『三池』を通じて女性鉱婦の存在を知った衝撃は格別！夫婦セットの過酷な肉体作業でも女の方が巧みだった、とは山本作兵衛のコメント。『日本初の女性映画監督坂根田鶴子を追って』製作予定と聞いている。

51. 梓澤和幸さん：人権派弁護士。2007年、NPJ通信編集長として私に連載を持ちかけてくださった。軽妙な話術、文章からもお人柄がにじみ出る。お連れ合いもお嬢さんも音楽人。

52. 中原道子さん：2021年8月に活動を停止した「戦争と女性への暴力」リサーチ・アクションセンター共同代表。会でのご挨拶が常に歯切れよく正義感に貫かれ、小気味よかった。チェロを奏されるパートナー同伴で、女性作曲家のコンサートによくお出かけいただいた。

53. 冨澤由子さん：元杉並区議。後輩を育てつつ女性議員を増やすために、遠慮しがちな要求や声明を厭わず発信される。別姓、墓の継承、介護、選挙制度まで実に広汎な視座で活動中。

54. 奥山たえ子さん：杉並区議として粉骨砕身、本音で頼れる地元の政治家。シェアハウス運営や困窮者へのお弁当造り・配食も継続。長年木造アパート住まいのつましさに感嘆するのみ。

55. 倉田克子さん：老人・障碍者・幼児保育までもカヴァーする杉並の社会福祉法人「八成ぐるーぷ」理事長。千代田女学園中学の同窓で、あの樹木希林さんもクラスメートだった。

56. 瓦林紀子さん：藝大楽理科の同級生。1999年のイラク戦争以来、地元調布にリサイクルショップを立ち上げ、売り上げをアジアと国内の女性・子供たちに直接届ける地道な活動を継続中。私も月に一度売り婆になっている。クラシック出身者に稀な存在として敬服するのみ。

57. 岡田弥生さん：ミニコミ誌「はのねくさのね」で歯・口腔と社会的弱者の関連を発信される歯の研究者。食も歌も口から、というわけで私も同誌に1度寄稿させていただいた。

58. 下田隆さん：こんな新聞が日本にあったとは！「長周新聞」を紹介していただいた恩人。

杉並在住、谷戸と同じく元はレコード制作関係者と噂されるので、さらに親近感が増した。
59. 竹内良男さん：主宰される「ヒロシマへ、ヒロシマから」にて重要情報を的確・機敏に発信、関千枝子さんとの接点もここにある。「音楽室の壁は男性作曲家ばかり」と愚痴ったのを聞きつけ「ヒロシマ」講座にお呼び下さったので、音楽界の男性支配を思い切りぶちまけてしまった。
60. 山本太郎さん：直接のお付き合いはないが、これほど素晴らしい政治家と同時代者であり得るとは！その意味ではポリーヌと出会えた有難さとも共通する。「長周新聞」は別名太郎プレスといえよう。このメディアが後ろ盾にある限り、次期総理も夢ではないかもしれない。
61. 岸本聡子さん：杉並新区長。ミニ・アベたる前任者を僅差で破り、「長周新聞」も大きく報道した。「公の心を聞く耳」という名前の字を裏切らないと決意表明。水道は再国営化！の路線で山本太郎さんと以前から協調していた。杉並が変われば都が変わる、都が変われば国も…？
62. 内海愛子さん：新時代アジアピースアカデミー共同代表。名もなき小さな民へという視点に全面的に共感する。一層のご活躍を祈念！

♪そして、羽田ゆみ子さん！

すでに何度もお名前を引いた梨の木舎代表。本書進行中に発病、郷里長野と東京を往復される日々。完治を心より願う。執筆が進まず、実務もまったく疎い私を、ご自分の体調を厭わず、いつも優しく辛抱強く励まして頂いた。クラシック音楽を敬遠されていたにもかかわらず、「女性」の一点でポリーヌにも全面的な共感を抱いてくださったのではないかしら……。

無事出版にこぎつけるよう祈るばかりの気持ちとともに、格別の謝意を表させていただく。

♪最後に、敢えて：
小林虎雄、美代子：私の両親。ともに故人
谷戸喜寿、正子：基岩の両親。ともに故人
小松美佐子：私の長姉。4姉妹の中でただ1人、政治・社会問題の意識を共有できた。
郡蘭子さん：声楽家。父方の遠縁。実家の空き家対策、山本太郎・れいわ支援も一致した。
谷戸薫さん：基岩の長兄のパートナー。毎回のコンサートで事あるごとに助けてもらった。

♪本書を公私にわたるパートナー、谷戸基岩に献げたい。

2022年7月18日　ポリーヌ・ガルシア＝ヴィアルド生誕201年の記念日に

小林 緑

――この記念日に背かぬよう、頑張ったのですが…8月はじめ、鬼の霍乱か、腸が機能せず緊急手術で一か月の入院生活。羽田さんまで同じころに再入院の憂き目となり、編著者共倒れ…？は逃れたものの、本造りは頓挫。せめて、年内入稿を祈るばかりです…2022/12/22）

ポリーヌ邸の前に佇む著者

バーデン＝バーデンの有名女性と、その住居地図

バーデン＝バーデン Baden=Baden とは？

直訳すれば“入浴入浴”。ヨーロッパのみならず世界有数の温泉保養地として史上名高い。卒論でモーツァルトに取り組んでいた頃、「悪妻」呼ばわりされていたコンスタンツェがしばしば一人出かけた療養先として記憶にあった。ポリーヌ研究に転身後、サバティカルで一年間（1999年）パリに滞在中、Das alte Dampfbad〔旧蒸気浴室；今風に言えばサウナ？〕のホールで開催されたポリーヌの特別展を観るために当地を訪れ、“アメニティ”を具現化したような美しさに圧倒された。21世紀を迎えようとするもまさに、19世紀ロマン派さながらの自然、清冽な空気と水の流れ、風の移ろいが心地よく、点在する館の小ぶりながら趣向を凝らしたデザインも見もの。第二次世界大戦の被害を免れた市内には、貴族社会の名残をとどめるオペラ劇場やホテルも健在で、まさにヨーロッパの夏の首都と化す。あの国際オリンピック委員会も当地で開催されるのが常だったというが、今まだそうなのか？

女性に「わきまえろ」と説教するどこやらのオリンピック委員長とは違って、バーデン＝バーデンのトップは女性。流石！その女性市長の下、《地図に観る女性たち Frauen auf den Plan》が1999年に作成されていた。私の訪問とピタリ重なり大喜びで購入、生涯これほどの幸運は滅多にない、とお宝箱にしまってあったのを、今回、思い切り有効に使おうと思い立った次第だ。地図には総計28の女性及び関連施設が掲載されている。スペースに限りがあるので、ポリーヌと重なる時期、活動歴の6人のみご紹介しよう。

❶アンナ・ミヒヤエルス Anna Michaelis（1860-1942）ソフィ通り：ユダヤ抑留者館　ナチスの強制収容所に抑留され、死亡した文筆家

❷バーデンのルイーゼ大公妃 Grossherzogin Luise von Baden（1838-1923）ローテンバッハタール通り27番
介護や休息、療養を必要とするあらゆる女性のためのケアハウスを1892年に設立。

❸アドルフィーネ・ヘルプ　Adolphine Herpp（1845-1923）。ゲルンスバッハ通り24番
画家。ドイツで高名だったが遺品の受け入れを拒まれ、作品はほとんど現存せず

❹ルイーゼ＝アドルファ・ルボー（1850-1927）リヒテンタール通り46番
男女抜きにドイツ最強の作曲家とも目される。バーデンで育ち、終の棲家も現存。
女性作曲家としての苦難の回想録（1910）の翻訳が切望されるのだが…

❺ポリーヌ・ヴィアルド＝ガルシア（1821-1910）フレーメルスベルグ通り18番
7年と短期間ながら、その人脈を駆使して自邸をバーデンの文芸首都に昇華。
C.シューマンやブラームス等がここで活躍した因もポリーヌその人に帰す

❻クララ・シューマン（1819-1896）リヒテンタール中央通り8番
当地で一時師弟関係にあった❹のルボーがクララの人柄を批判した文章がある。ポリーヌの才能や貴顕との交流にも嫉妬混じりの一文をブラームスに送ってもいた…

バーデン＝バーデン略図

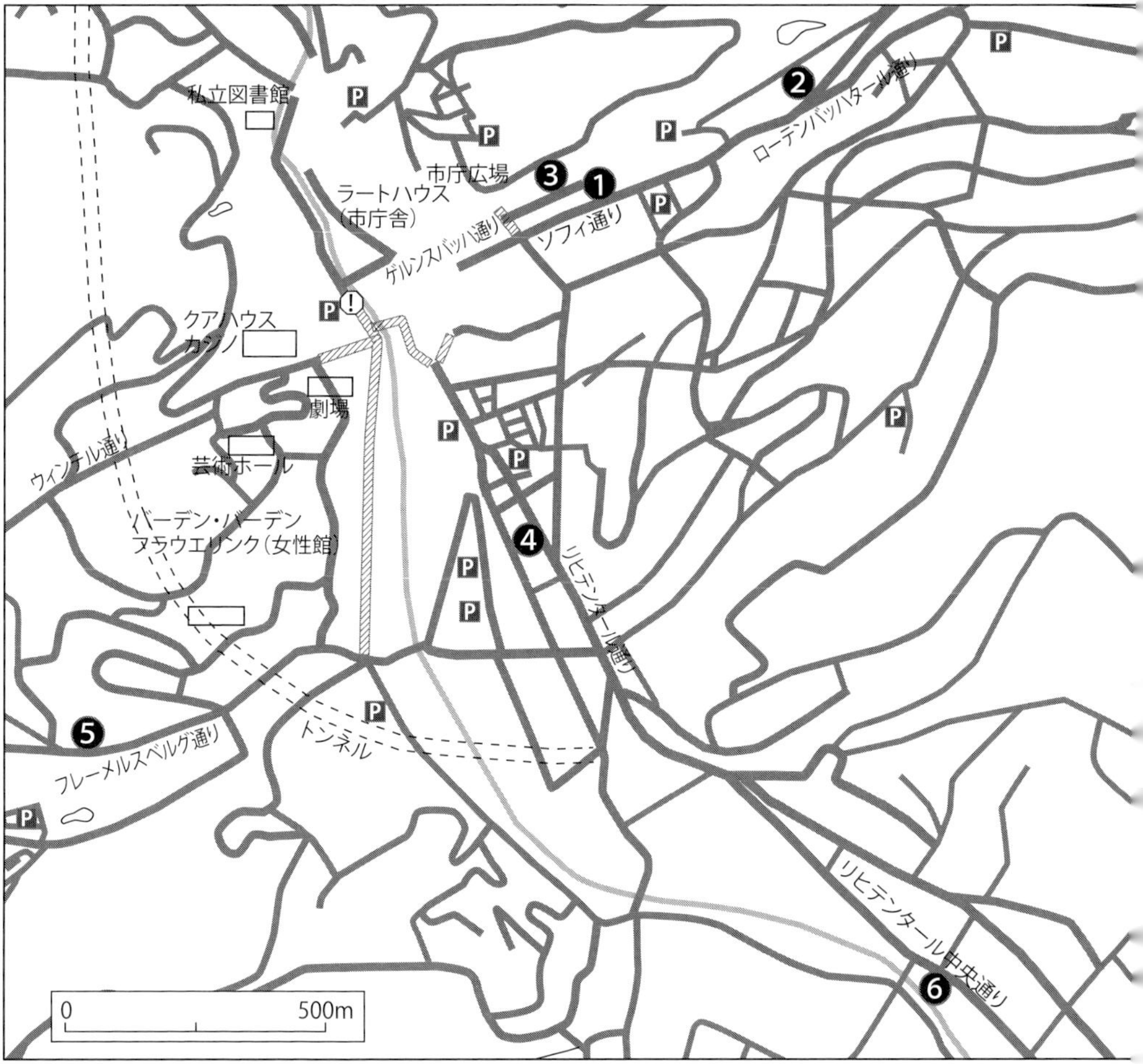
私立図書館
ラートハウス
（市庁舎）
市庁広場
ゲルンスバッハ通り
ゾフィ通り
ローデンバッハタール通り
クアハウス
カジノ
劇場
芸術ホール
ウィンチル通り
バーデン・バーデン
フラウエリンク（女性館）
リヒテンタール通り
トンネル
フレーメルスベルグ通り
リヒテンタール中央通り
0
500m

D14. Pauline Viardot：Mélodies　Stéphanie d'Oursac (mez.sop.), Françoise Tillard(pf)

D15. 女性作曲家の 3 世紀―19 名の作曲家によるピアノ曲集〔米 Grand Piano nycx 10282〕2022.（ピアノ曲が少ないポリーヌは含まれていないが、日本語解説付きの 10 枚組として画期的）

D16. Pauline Viardot　Intégrale des mélodies russes. 2 cds：Lamia Beuque (mez. sop.), Laurent Martin(piano)〔仏 Ligia Digital　Lidi 0201358-21 2022〕

付録④ディスコグラフィ（年代順。録音の意義、演奏内容などに共感した事例のみ）

注：英＝イギリス、独＝ドイツ、加＝カナダ、米＝アメリカ、仏＝フランス

D1. Hai Lulli, Les Filles de Cadix, Havanaise dans “Chants d’amour” Cecilia Bartoli(mezzo sop.), M.Wung Chan(piano)〔英 Decca 452-667-2〕1996

D2. Hai Lulli, Havanaise dans “Live in Italy” C.Bartoli, J.-Y.Thibaudet Theatro Olympico, Live -DVD〔英 Decca UCBD-1020〕1998

D3. Cendrillon, opérette de chambre en 3 actes. Sandrine Piau（sop.）etc. Nicholas Kok(dir.)〔英 Opera rara ORR212〕2000

D4. Pauline Viardot-Garcia：Songs Karin Ott (sop), Christoph Keller (p.)〔独 cpo 999 044-2〕2002

D5. ヒルデガルト・フォン・ビンゲンのポートレート：日本語解説付き２枚組DVD〔英 BBC+Opus Arte OA0875D〕2003

D6. Pauline Viardot-Garcia：Lieder, Chansons, Canzoni, Mazurkas Isabel Bayrakdarian (sop), Serouj Kradjian (pf)〔加 ANALEKTA AN2 9903〕2005

D7. Ivan Turgenjew：Das Lied der Triumphierenden Liebe-Compositionnen für Violine und Klavier von Pauline Viardot　Martina Gedeck(Lesung), Ulf Schneider(vn), Stephan Imorde(kl)〔独　Ars Musici　AM1400-2〕2006

D8. Pauline Viardot and Friends. Frederica von Stade(sop) etc. Live recording at Wigmore Hall, 2006/2/27 2CD〔英 Opera Rara ORR240〕2007

D9. Pauline Viardot: Mélodies russes. Jacqueline Laurin (sop), Laurent Martin (pf)〔仏 Ligia Digital Lidi 0201242-12〕2011

D10. Pauline Viardot: Songs (Russian Songs, 12 Mazurkas after Chopin) Ina Kancheva (sop), Ludmil Angelov (pf)〔英 TOCCATA CLASSICS TOCC 0303〕2016

D11. Pauline Viardot：Deutche Lieder Miriam Alexandra(sop.), Eric Schneider(pf)〔独 OEHMS OC1878〕2017

D12. Le Dernier Sorcier　A Chamber Opera in Two Acts Pauline Garcia-Viardot, Libretto by Ivan Turgenev. Eric Owens (bas bariton) etc.〔米 Bridge 9515〕2018

D13. Paul &Pauline Viardot：Works for Violin and Piano・２〔米 Naxos 8.573749〕2018

とガルシア家―パリ・イタリア座デビューに至る足跡を中心に―①（お茶の水女子大学大学院人間文化創成科学研究科　博士学位論文　2020）
B86. Miriam-Alexandra Wigbers(ed)：*Pauline Viardot-Garcia/Ausgewählte Lieder für Singstimme und Klavier* Band I.（EB8887 2020）
B87. Hilary Poriss+Adriana Festeu：*Pauline Viardot-Garcia, Ausgewählte Lieder für Singstimme und Klavier* (2021,vol.27/no.2,p28-30. International Alliance for Women and Music ／ Book review)
B88. 小林緑「ポリーヌ・ガルシア＝ヴィアルド生誕200年記念コンサートの報告」（ＮＰＪ通信・連載第75回，2021年7月31日更新）
B89. 川田忠明『アート×ジェンダー×世界―祈りはどこにあるのか』（2022、新日本出版社）
B90. 坂口千栄『ポリーヌ・ガルシア＝ヴィアルド作品目録』（B51,Waddington目録の2013年電子版を基本にB68, Heitmannとも比較照応、日本語で読める私家版として作成。2022）

B68. Christin Heitmann：*Pauline Viardot.Systematisch-Bibliographisches Werkverzeichnis(VWV) 2012* → URL http://www.pauline-viardot.de

B69. 日本ジョルジュ・サンド学会編『200年目のジョルジュ・サンド』（2012、新評論）

B70. 滝井敬子「森鷗外訳 歌劇「オルフェウス」」鷗外生誕150年記念上演（2012年10月28日）文京シビック大ホールで当日配布されたプログラム解説

B71. 小林緑「国際女性デー・イヴェントのお知らせ」(NPJ通信・連載第44回更新、2014/2/28)

B72. 山口順子「女性詩人サビーヌ・マンセルと「パントマイム　日本にて」の創作」（2014, 日仏女性研究学会編。Web site『国際女性デーにフランス女性作曲家を聴く』“Cahier du Mimosa” 2014.https://sites.google.com/farrencviardot）

B73. 小林緑「国際女性デー・コンサート、日本とフランス、そして高麗博物館」（NPJ通信連載、第45回更新、2014/4/2）

B74. 池内紀編『森鷗外・椋鳥通信』上・中・下 全3巻（2014-15年、岩波文庫）

B75. 玉川裕子編『クラシック音楽と女性たち』（2015、青弓社）

B76. Beatrix Borchard：*Pauline Viardot-Garcia Fülle des Lebens* (2016, Böhlau Verlag)

B77. 知られざる作品を広める会編『女性作曲家ガイドブック2016―古典派から近代の26人』（私家版、2016）

B78. Midori Kobayashi：*L'intérêt de Pauline Viardot pour le japonisme-Autour de la pantomime “Au Japon”*（Cahier Ivan Tourguénief、PaulineViardot, Maria Malibran：*Pauline Viardot—Cent Ans après. 2010*, no.34. 2016)

B79. 馬淵明子『舞台の上のジャポニスム』（2017、NHK出版）

B80. 西阪多恵子『クラシック音楽とアマチュア』（2018、青弓社）

B81. Ursula Keller + Natalja Sharanda:：*IwanTurgenjew und Pauline Viardot Eine außergewôhnliche Liebe* (2018, Insel Verlag)

B82. アトラン・さやか『ジョルジュ・サンド　愛の食卓』（2018、現代書館）

B83. 金子幸代『森鴎外の西洋百科事典―『椋鳥通信』研究』（2019、有限会社鴎出版）

B84. 小林緑「日本の女性と音楽／柳兼子と夫・宗悦：知名度の差が意味するもの」（2020/12/10 梨の木ピースアカデミー―小林緑の音楽カフェ第4回、オンライン資料）

B85. 水越美和：オペラ歌手ポリーヌ・ヴィアルド＝ガルシア [1821-1910] の活動

Composers arranged (1/2001+2/2004+3/2013 電子版 , Heretaunga, New Zealand)
B52. Barbara Kendall-Davies: *The Life and Works of Pauline Viardot=Garcia* (vol. I.1836-1863; 2003. vol.II; 1863-1910; 2013. Cambridge Scholars Press)
B53. 関根裕子：「ケルビーノからオクタヴィアンへ—オペラのズボン役をめぐる二つの世紀末」（2005、『演劇研究センター紀要』IV 所収、早稲田大学 21 世紀ＣＯＥプログラム）
B54. 長谷川イザベル『共和国の女たち—自伝が語るフランス近代』（2006、山川出版社）
B55. 沓掛良彦『サッフォー　詩と生涯』（2006、水声社）
B56. Florence Launay：*Les Compositrices en France au XIXe siècle* (2006,Fayard)
B57. Michael Steen：*Enchantress of Nations—Pauline Viardot；Soprano, Muse and Lovers* (2007, Icon Books)
B58. Michèle Friang: *Pauline Viardot au miroir de sa correspondance* (2008, Hermann)
B59. 小川さくえ『オリエンタリズムとジェンダー——“蝶々夫人”の系譜』（2007、法政大学出版局）
B60. 佐伯順子『女装と男装の文化史』（2009、講談社選書メチエ）
B61. Patrick Barbier：*Pauline Viardot - Biographie* (2009, Grasset)
B62. 新實五穂『社会表象としての服飾　近代フランスにおける異性装の研究』（2010、東信堂）
B63. 小林緑「消される女性作曲家たち—音楽文献・業界に見るジェンダー偏向」（池田忍＋小林緑編：ジェンダー史叢書第 4 巻所収、2010、明石書店）
B64. 小林緑「オーストリア国歌の改定をめぐって」（NPJ 通信連載「クラシック音楽は超男性社会 !?」第 28 回更新、2011/12/10）
B65. ジャニー・フルニエ＝ロッセ『聖女ヒルデガルトと喜びのレシピ』（2011, 和訳 2015、フレグランスジャーナル社）
B66. Michèle Friang(éd)：*Actes du Colloque- Pauline Viardot, une voix féminine dans l'Europe des Arts* (2011, Association à l'écoute d'Augusta Holmès et de Pauline Viardot)
B67. 小林緑「ポリーヌ・ガルシア＝ヴィアルドが遺したもの—没後 100 年に振り返る」（『新モーツァルティアーナ・海老澤敏先生傘寿記念論文集』所収、2011、音楽之友社）

B34. 金子幸代『鴎外と〈女性〉―森鴎外研究』（1992、大東出版社）
B35.Tamara Zviguilsky: *Le Musée Tourgueniev—Littérature,musique, peinture* (1993 Achevé d'imprimer par Corlet,imprimeur,S.A.-14110 Condé-sur-noireau France)
B36. 森脇佐喜子『山田耕筰さん、あなたたちに戦争責任はないのですか』（梨の木舎、1994）
B37. 小林緑「パリ・オペラ座と〈さくら〉」（1994、『音楽のテアトロン』所収、勁草書房）
B38. E.A. ニコルソン『演劇・彼女たちのイメージ』（1995、「女の歴史 III 16-18 世紀 II」所収、藤原書店）
B39. 渡部恵一郎「バロック・オペラの舞台空間と演技」（1995、『国立音楽大学研究所年報』第 11 号所収）
B40. 加藤節子『一八四八年の女性群像』（1995、法政大学出版局）
B41. フェリシア・ミラー＝フランク『機械仕掛けの歌姫―19 世紀フランスにおける女性、声、人造性』（1995, 大串尚代訳 2010、東洋書林）
B42. Corrine Blackmar & Patricia J.Smith：*En Travesti – Women, Gender subversion and Opera* (1995,Columbia Univ, N.Y.)
B43. Nicole Patureau:Nohant (1995, Editions Ouest-France)
B44. 小林緑「声とジェンダー／ポリーヌ・ヴィアルドのコントラルトの声をめぐって」（『音楽芸術』1998 年 12 月号所収、音楽之友社）
B45. Patrick Barbier：*La Maison des Italiens—les Castrats* ā *Versailles* (1998, Grasset)
B46. Nicole Barry：*Pauline Viardot ／ L'égérie de George Sand et de Tourgueniev* (1999, Flammarion)
B47. 松橋桂子『柳兼子伝・楷書の絶唱』（1999、水曜社）
B48. 小林緑「ポリーヌ・ヴィアルド－19 世紀オペラ界のスーパースター」（1999、『女性作曲家列伝』所収、平凡社）
B49. Ute Lange-Brachmann + Joachim Draheim: *Pauline Viardot in Baden-Baden und Kahlsruhe*(1999, Nomos Verlagsgesellschaft)
B50. 鶴園紫磯子：「音楽―近代音楽の誕生とジャポニスム」（2000、ジャポニスム学会編『ジャポニスム入門』所収）
B51. Patrick Waddington：*The Musical Works of Pauline Viardot-Garcia. A Chronological Catalogue with an Index of Titles & a List of Writers set and*

Calder)
B16. Suzanne Desternes+Henriette Chandet: *La Malibran et Pauline Viardot avec la collaboration d'Alice Viardot* (1969, Fayard)
B17. Ivan Tourguénev:*Lettres inédites à Pauline et à sa famille* ed.par H. Granjard et A. Zviguilsky (1972. Editions L'Age d'homme, Lausanne)
B18. ロラン・マンシニ『歌唱芸術』(原著年不明、海老澤敏訳 1972, 白水社・クセジュ文庫)
B19. ジャン・ラボー『フェミニズムの歴史』(1978, 加藤康子訳 1987, 新評論)
B20. Pierrete Jeanne Viardot: *Les Jeudis de Pauline Viardot.* (Revue Internationale de la Musique Française, juin 1982)
B21. ジェニファー・アグロウ：世界女性人名大辞典（初版 , 1982, Macmillan, 第 3 版 , 1997 よりの和訳：竹村和子監修、2004、国書刊行会）
B22. 谷澤由起子「ツルゲーネフと歌姫ポーリーヌの蜜恋」〔原著のまま〕(『家庭画報』連載 4 回 1983/9 月～ 12 月)
B23. アンリ・トロワイヤ『トゥルゲーネフ伝』(1985, 市川裕見子訳 2010, 水声社)
B24. René Jacobs：*La controverse sur le timbre du contre-ténor* (1985 Actes Sud)
B25. Anthony Newcomb：*Courtisans, Muses or Musicians? Professional Women Musicians in sixteenth-Century Italy "Women Making Music—The Western Art Tradition, 1150-1950"* (1986、University of Illinois Press)
B26. Ralphe P.Locke：*Music, Musicians, and Saint-Simonians*（1986, Chicago)
B27. Aaron I. Cohen：*International Encyclopedia of Women Composers* 2vols（改訂版／ 1987, Books & Music Inc. ）
B28. パトリック・バルビエ：『カストラートの歴史』(1989, 野村正人訳 1995, ほぼ同期に文庫版としても出版、筑摩書房)
B29. ロドルフォ・チェレッティ『テノールの声—その成立と変遷・400 年間の歌手列伝』(1989, 西村勝訳 2003, 本の風景社)
B30. 瀬高道助：「オルフェウスの声」(『幻想文学』31 号所収、1991 年 2 月号)
B31. スーザン・マクレアリ『フェミニン・エンディング』(1991, 女性と音楽研究フォーラム訳 1997、新水社)
B32. フライア・ホフマン『楽器と身体』(1991, 玉川裕子他訳 2004、春秋社)
B33. エヴリヌ・ピエイエ『女流音楽家の誕生』[原著タイトルは "*Musique Maestra*"] (1992, 金子美都子訳 1995、春秋社)

付録③本書で参照したポリーヌの声、生涯、作品に関する主な文献（原著出版年代順）

B1. ジャンバッティスタ・マンチーニ『ベル・カントの継承』（1771, 渡部陳吾訳 1992、アルカディア書店）

B2. スタンダール『ロッシーニ伝』（1823, 山辺雅彦訳 1992, みすず書房）

B3. ジョルジュ・サンド『歌姫コンシュエロ』（『独立評論 Revue Indépendante』1842-44、原好男他訳上下２巻 2008、藤原書店）

B4. ジョルジュ・サンド『我が生涯の記』（1855 初版。加藤節子訳 2005, 全３巻、水声社）

B5. マヌエル・ガルシア二世『ベル・カント唱法のヒント』（1894, 山内すみえ他訳 2020, シンフォニア）

B6. *Mme Pauline Viardot-Garcia. Sa Biographie, ses Compositions, son Enseignement. Conférence par Mme L. Torrigi-Heiroth à la Salle de l'Athénée, le 8 Février. Genève 1901*（再版／ Cahier Ivan Turguéniev, Pauline Viardot, Maria Malibran no1. 1977）

B7. Paul Viardot：*Rapport Officiel, Mission Artistique de 1907. Sur La Musique en Scandinavie*（Imprimerie Centrale de L'ouest La -Roche- sur- Yon 1908.R/2010, USA）

B8. Louise Héritte-Viardot: *Memories and Aventures*（1913, 再版／1978 Da Capo Press）

B9. Camille Saint-Saëns:*Musical Memories* (1919. 再版／1969, Da Capo Press)

B10. Anna Eugénie Schon-René：*America's Musical Inheritance—Memories and Reminiscences Dedicated to the Memory of Pauline Garcia-Viardot*（1941（再版／2011 Breinigsville USA）

B11. ソフィ・ドリンカー:『音楽と女性の歴史』(1948, 水垣玲子訳 1996, 学芸書林)

B12. Gustave Dulong：*Pauline Viardot—tragédienne lyrique* (1956/1987, Association des Amis d'Ivan Tourguenief,Pauline Viarsdot et Maria Malibran)

B13. アンガス・ヘリオット『カストラートの世界』（1956、関根敏子他訳 1995、国書刊行会）

B14. Thérèse Marix-Spire：*Lettres inédites de George Sand et de Pauline Viardot 1839-1849* (Nouvelles Editions Latines,1959)

B15. April Fitzlyon：*The Price of Genius - A life of Pauline Viardot* (1964, John

Bonjour, mon cœur
(Pierre de Ronsard)
(A Me Felix Lévy)

Bonjour mon cœur, bonjour ma douce vie,
Bonjour mon œil, bonjour ma chère amie,
Hé! Bonjour ma toute belle!
Ma mignardise bonjour,
Mes délices, mon amour,
Mon doux printemps, ma douce fleur nouvelle,
Mon doux plaisir, ma douce colombelle,
Mon passereau, ma gente tourterelle,
Bonjour ma douce rebelle!

『こんにちは、わが心』(1895年)
ピエール・ド・ロンサール(1524-85)
フェリックス・レヴィ夫人に献呈

こんにちは、わが心、こんにちは、素敵な人生、
私の瞳よ、こんにちは、大好きな人も、こんにちは、
ほら、こんにちは、別嬪さん!
私の可愛い子ちゃん、こんにちは、
私の大のお気に入り、私の愛しいひと、
穏やかな春、咲いたばかりの瑞々しい花よ、
甘い歓びよ、優しい小鳩ちゃんよ、
雀よ、気のいいきじ鳩よ、
こんにちは、私の愛しいお転婆さん!

Lent
gen_te tour_te__rel_ _ _ _ _ _ _ _ _ _ _ _le, Bon_
p
suivez
Ped.
a Tempo
avec feu
retenez
_jour! Bon__jour, ma dou_ _ _ _ce re_
a Tempo
f suivez
Ped.
animez
f
bel _ _ _ _ _ _ _ _ _ _ _ _le!
animez
sf
f
Ped.
p
f

-mour. Mon doux prin - temps, ma
cresc.
Ped.
dou - ce fleur nou - vel - le, Mon doux plai -
Ped.
dim. e rit.
-sir, ma dou - ce co - lom - bel -
Ped.
Ped.
a Tempo
- le. Mon pas - se - reau, ma
a Tempo
suivez
Ped.

-jour ma chère a-mi-e, Hé, bon-jour ma tou-te
Ped.
bel-le! Ma mi-gnar-
Ped.
-di-se, bon-jour.
f
Mes dé-li-ces, mon a-
p
Ped. Ped. Ped.

付録② ポリーヌの歌曲《こんにちはわが心》楽譜と対訳

à Monsieur FÉLIX LÉVY

BONJOUR MON CŒUR

Musique de **PAULINE VIARDOT**

Poésie de **RONSARD**

Nº 1

Ténor ou Soprano

(Ton original)

付録1 室内アンサンブル用への改変版より：ポリーヌ自筆のメモについて

第１景冒頭 p2 ～ p3：ジャスミナの水遣りの場面。全曲に随時現れる“ソーミソララシシソー”〔ヘ調長音階〕の日本風音階が早くも登場。ここでの楽器は“オーボエ oboe”と指定。反復に際しては“弦楽器 strings”の書き込みがある。続く手紙の場面でも、娘の恋心の表現にはやはりオーボエ使用が指示されている。

第１景 p9：ジャスミナが蝶の遊びをしながら窓の外にフェビュスの姿を見つけるところ。軍楽的な“太鼓 drums”連打と“ラッパ trumpett”のハ長調分散和音でフェビュスが軍人であることを明示。フェビュスの存在が想定される場面では繰り返しこの３和音型が反復され、伝統的な楽器用法、あるいはライトモティーフ風の処理が目立つ。

第２景 p14 ～ 15：小間物売りがジャスミナに赤ちゃん人形を見せ、売りつけようとする場面。上声に“フルート fl、オーボエ ob、クラリネット clar”が指定され、それらによる下降型で人形の泣き声を、低声は“ヴィオラ alt, チェロ Clle”のピチカートで不自然な人形の動きを暗示する。

第２景終り p18 ～ 19：フェビュス宛ての恋文の手渡しをめぐる駆け引きが小間物売りの譲歩で決着、ジャスミナが大喜びで小間物売りをせきたて外に追いやる短いが劇的な情景。新たに楽器は加わらないが、ピアノ部分が書き換えられている。レチタティヴォを真似たパッセージの挿入に続き、活気溢れる急速なトレモロの連続型から息も切らさずハ短調主和音に収束する。改変作業としてもっとも大掛かりで目立つこの部分は、原版に現れていたフェビュスのトランペット音型も、最後ジャスミナの「ああ、やっと Enfin!」という台詞も省かれ、いっそう切迫感を強調している。

人名索引

・本文の表記にしたがって項目を採った。
・表記は日本で流通している呼称に基づく。

ア 行

カ 行

サ　行

タ　行

ナ　行

ハ　行

マ　行

ヤ　行

ラ　行

ワ　行

【著者プロフィール】

小林　緑（こばやし　みどり）

1942年、福島県生まれ。東京芸術大学・同大学院の楽理科（音楽学）修了。1971-72年、フランス政府給費留学生としてパリ第4大学留学。現在国立音楽大学名誉教授。
2007年8月：「女性作曲家音楽祭2007」全12回のコンサート・シリーズ実施（地元杉並公会堂にて）。
2008年～15年：「津田ホールで聴く女性作曲家」全5回コンサート。
2016年～ウイメンズ・プラザや自治体からの依頼により女性作曲家のレクチャー・コンサートを計5回企画開催。
資料「女性作曲家ガイドブック2016」私家版作成。
2008年～：N PJ通信に「クラシック音楽は超男性世界！」を連載。
2021年度～：「梨の木ピースアカデミー」にて、「小林緑の音楽カフェ」を担当。

編著：『女性作曲家列伝』（1999、平凡社）、『視覚表象と音楽』（ジェンダー史叢書第4巻、2010、明石書店、池田忍と共編）
共著：『表現する女たち』（2009、第三書館、三木草子＋レベッカ・ジェニスン編）など。
翻訳：スーザン・マクレアリ『フェミニン・エンディング』（1997、新水社、女性と音楽研究フォーラムとして共訳）、ジェルメーヌ・タイユフェール他『ちょっと辛口—タイユフェール回想録』（2002、春秋社）など。

ポリーヌに魅せられて

ジョルジュ・サンド　ツルゲーネフ　ショパン　サン=サーンス　リストたちが讃えた才能

2023年2月20日　初版発行

著　　者：小林　緑

装　　丁：柳 裕 子

発 行 者：羽田ゆみ子

発 行 所：梨の木舎
〒101-0061 東京都千代田区神田三崎町2-2-12 エコービル1階
TEL.　03(6256)9517　FAX.　03(6256)9518
Eメール　info@nashinoki-sha.com
http://nashinoki-sha.com

D　T　P：具羅夢

印　　刷：株式会社 厚徳社